変わる働き方と
キャリア・デザイン

佐藤博樹 編著

勁草書房

はじめに

　働き方が多様化している．典型的な働き方を，学校を卒業して最初に勤めた会社にフルタイムで定年まで働き続けるものと定義すると，1990年代に入ると，大企業を含め典型労働が減少し，それ以外の働き方すなわち非典型労働に従事する者が増加した．

　非典型労働として，雇用期間に定めのある有期契約社員，フルタイムでなく短時間勤務のパートタイム社員，雇用契約を結んでいる雇用元ではなくそれ以外の企業で働く派遣社員などがあり，これらの働き方に従事する者が増加している．こうした非典型労働に共通した特徴は，その多くが有期契約であることにある．もちろん派遣労働には常用型派遣と登録型派遣があり，前者は雇用期間に定めのない無期契約であるが，90年代に増加したのは後者の有期契約を主とする登録型派遣である．

　典型労働の縮小と非典型労働の増大は，転職者を増やすことにもなる．非典型労働の多くが有期契約であることによる．それだけでなく，典型労働に従事していても，競争環境の変化などから勤務先企業の雇用機会の縮小や労働条件の悪化などから不本意な転職を余儀なくされた者も増加している．

　典型労働で働く者は，能力開発の機会の提供を勤務先企業に求めることができたが，非典型労働は有期契約が多く，能力開発機会の提供を勤務先企業に期待することが難しい．非典型労働に従事する者にとっては，自己投資がより重要となっている．典型労働に従事する者も転職リスクが高まっているため，転職可能性を高めるための能力開発が求められている．典型労働と非典型労働の両者とも，キャリア形成の自己管理とそのための能力開発が欠かせない時代となってきている．

　このほか雇用労働ではなく，自分で自己の就業機会を生み出す自営の道を選ぶ者もある．店舗や工場を持つのでなく，自宅をオフィスとすることが多いSOHOとして起業する者も出現している．また，企業に雇用されている者の中

には，副収入を得るためや，将来の転職や独立の準備などのために，本業とは別の仕事，つまり副業に従事する者もある．副業は，追加的な収入を得るだけでなく，本業にはない仕事を経験できる機会ともなり，職業能力を広げることに貢献するものである．

典型労働の世界におけるもうひとつの大きな変化は，報酬管理に生じており，従来よりも短期的な成果を重視する方向に，報酬の配分ルールが変更されてきている．その結果，従来のように，雇用先企業に勤続を続ければ報酬水準が次第に増加していくことを期待することが難しくなった．

典型労働における報酬管理の変更や非典型労働の増加，さらには典型労働に従事する者を含めた転職者の増加は，従来の典型労働の働き方を前提としてキャリア設計や生活設計をしていた労働者に対して，その見直しを迫るものとなっている．こうした状況にあって，典型労働や非典型労働の両者を含めた働き方の変化は，企業の人材活用戦略と人材活用ニーズの変化に基づくもので，働く人々のみに負担を強いるものであると否定的に評価する見方も根強い．しかし他方で，企業側の必要だけでなく，働く人々のライフスタイルや就業ニーズの変化に対応したものでもあり，さまざまなライフスタイルや就業ニーズを充足できる多様な働き方の出現として肯定的に評価する見方もある．

本書は，典型労働と非典型労働に従事する人々を対象にして就業観，キャリア志向，就業実態，就業満足度，生活設計などを調査することによって，働き方の多様化に関するこうした2つの見方を実態に即して検討しようとするものである．本書で分析に利用するデータは，典型労働に従事する者に加え，パートタイマー，派遣労働者，いわゆるフリーター，転職者，SOHO従事者に対して実施した「ワークスタイルの多様化と生活設計に関する調査」（生命保険文化センター）である．それぞれの調査は，対象層毎の独自設問と相互比較を可能とする共通設問の両者から構成されていることに特徴がある．従来も非典型労働に関する調査が数多く行われてきたが，典型労働に関する調査と同一設問で実施され，それぞれを比較できる調査はきわめて少ない状況にある．典型労働と非典型労働を共通設問に基づき比較することができる点でも本書は新しいデータを提供するものである．調査の実施方法などに関しては，本書巻末に収録されている「調査の概要」を参照されたい．

以下では，各章の概要を紹介しておこう．
　第1章では，典型労働と非典型労働の多様な働き方を取り上げ，それぞれの働き方の特徴を明らかにするとともに，働いている人々自身が，それぞれの働き方をどのように評価しているかを検討する．分析結果によれば，働き方が多様化することは，異なる就業観を持つ人々に対して，それぞれの選好に対応した働き方を提供できるものとして肯定的に評価できる．同時に，働く人々のすべてが，就業観に合致した働き方を選択できているわけではない．多様な働き方の間を円滑に移行できる仕組みを整備し，就業形態間のミスマッチを是正することが求められる．
　第2章は，雇用者に占める比率は低いものの，最近その増加が大きい派遣労働を取り上げ，派遣労働を選んだ理由などを分析する．派遣労働を選択した理由は多様であるが，男女とも「正社員としての就職先が決まらなかったから」と「パートやアルバイトよりも収入が良いから」が上位2位までを占める．男女では順位が異なり，男性では前者が，女性では後者が1位となる．消極的に派遣労働を選択した者がかなりを占めるものの，派遣労働の仕事に対する満足度は正社員よりも高い．しかし，今後の就業形態の希望では，他の形態を望む者が多いことに特徴がある．派遣労働の継続を希望する者は，継続希望理由として，「都合に合わせて働くことができる」，「気楽に辞めることができる」，「仕事の内容が自分に適している」をあげ，他方，派遣労働を辞め正社員に就くことを希望する者は，その理由として，「収入が安定している」，「雇用が安定している」，「長期で勤続できる見込みがある」，「退職金・年金が充実している」などをあげる．つまり，仕事に対して自分の都合との折り合いのつけやすさや組織と距離を置くこと，さらに仕事の内容を重視する人は派遣労働の継続を希望し，それよりも収入や雇用の安定，さらに退職金等を重視する人は正社員への転換を求めている．派遣労働は，正社員に就けない人に雇用機会を提供することに加え，正社員の働き方では充足できない働き方を提供することの，2つの機能を果たしている．
　第3章は，SOHO（「ITを活用して自宅や小規模な事業所で事業活動を行っている独立自営のワークスタイル」）を取り上げ，拡大の背景，働き方の実態と特徴，課題を分析する．開業動機では，経済的な理由よりも，能力発揮や時

間管理の裁量性など自律や自由を求めて開業した者が多い．現状評価でも，仕事が自分に合っており，仕事を継続したいとするなど，SOHOの働き方を肯定的に評価する者が多い．SOHO拡大の背景には，大企業の外部資源活用とIT化の進展がある．同時に，大企業などがSOHOに業務委託する場合は，仲介業者を介する場合が多いことが特徴となる．SOHOは，個人が主役となれるビジネスであるが，同時にそれは仲介業者を介した仕事ネットワークに依存する面もある．つまり，自律的，専門的なSOHOであるが，それは自律と連帯，競争と協調のメカニズムが機能する新産業コミュニティに支えられているのである．

　第4章は，転職者に焦点を当てる．働く人々を転職経験者とひとつの会社に定着している者に分けると，両者には就業意識だけでなく，生活スタイルにも違いが見られる．転職者は，自分を生かせる仕事をしたいとする仕事志向が強く，所得減少の不確実性をも厭わないリスク志向を持つ．仕事へのこだわりが強い分だけ不満も多いが，将来も長く働きたいと思い，独立開業したいという希望もある．一方，会社への定着者は，仕事よりも家庭志向が強く，不確実性に対する安定志向が特徴となる．雇用の安定性を重視し，大企業に働き続けることを希望している．60歳まで働き，その後，引退生活するのが理想とされる．転職者についてさらに見ると，職場外に相談できる友人・知人を持つ人ほど，転職することで仕事に関する満足度や納得性が向上し，収入や自由時間も改善している．転職する際の情報では，定量的な「報」だけでなく，定性的な「情」が重要となる．「報」をうまく活用する心理的な拠り所となり，判断基準を与える「情」の大切さを，友人・知人の重要性が意味することを指摘する．今後，個人が幸福な就業機会を得るためには，会社や家庭を超えた幅広い人的ネットワークを持つことが重要になることがわかる．したがって，個人としては，人間関係の構築や職場以外のコミュニティへの積極的な参加等の取り組みが求められる．

　第5章は，再就職する既婚女性を取り上げる．育児・介護休業法や男女雇用機会均等法など女性の継続就業を支援する環境が整備されてきているが，結婚や出産を契機に仕事を辞め，子育てが一段落してから再度，仕事に就く者が少なくない．結婚，出産は退職を促し，無業期間を長くし，正社員としての再就

業を困難とする．しかし，無業期間が短い場合は正社員として再就業する可能性が高まる．正社員として再就業を予定する場合は，無業期間を短くする必要があることになる．他方，再就業の働き方が非正規社員の場合，非正規として長期に働く傾向が見られる．つまり，正社員への移行が難しい．また，子供を持った有配偶女性に関して，正社員と非正社員に分けて望ましい働き方を見ると，両者とも現在の働き方を望ましいとしている．非正社員でその働き方が望ましいとする者は，自分の都合に合わせて働けることや労働時間が短いことをその利点としている．しかし，現在，非正社員である者の約3割は，正社員を希望していることに留意する必要がある．とりわけ退職時に再就職を希望し，現在，非正社員として働いている者では，現在の働き方が希望する働き方でない者が多い．退職時に再就職を意図していた者は，再就業のための準備をするなどし，正社員として再就業することを希望していた者が多いが，正社員として再就業できない者が少なくないことによる．正社員として再就業する際には，採用における年齢制限というハードルが存在する．その結果，退職時に再就職を希望していた者では，望ましい働き方を実現するための施策として「年齢制限の撤廃」をあげる者が多くなる．

　第6章は，仕事に対する報酬である処遇制度を取り上げ，働き方の変化と報酬制度の変化の関係を検討する．分析対象とする報酬には，賃金，退職金，福利厚生だけでなく，教育訓練機会も含まれる．正社員を13類型（厳密には9つのワークスタイル層と4つの属性層）に分けると，類型毎に希望する報酬が異なり，現行制度に関する評価も異なる．新しいワークスタイル（キャリアサーファーなど）を選択した者では，伝統的な報酬制度の支持者が少なくなる．現状は，ワークスタイルの多様化に対して，報酬制度の多様化が対応できておらず，両者の間にミスマッチが拡大していることが示唆される．企業は，成果主義などの方向に報酬制度を転換しつつあるが，それはすべてのワークスタイルに合致したものではない．ワークスタイルの多様化が進展する下において，企業がワークスタイルに適合した多元的な報酬制度を構築できない場合には，従業員の勤労意欲の維持，向上や人材確保に失敗しかねない．

　第7章は，正社員を取り上げ，能力開発のひとつである自己啓発を分析する．これまで企業に依存していたキャリア形成に対応するように，能力開発も企業

に依存するものであった．キャリアの自己管理のためには，能力開発においても自己啓発の重要性が高まると言える．自己啓発の現状に関して，自己啓発への支出，資格・技能の取得状況，社会人大学院への進学希望などが分析される．続いて，希望するワークスタイルやキャリアと自己啓発活動との関係が検討される．自己啓発に取り組んできた層は，現在の会社や仕事への不満層ではなく，逆に両者に対する満足度が高い．過去における転職，独立の経験も少ない．ただし，今後の転職，独立に関しては強い希望を持っている．同時に，自己裁量の高い自律的な働き方を期待している．現在の勤務先でこうした自律的な働き方が実現できないと判断すると，自己啓発取り組み層は，転職，独立を選択する可能性が高いことになる．こうした自己投資層を活用するために企業としては，自律的な働き方を提供することが求められる．

　第8章は，本業以外の副業に焦点を当てる．多くの企業は，就業規則に副業禁止の規定を持っている．従業員に対して本業に専念することを企業が求めていることによる．しかし最近は，従業員の中に副業に従事する者や副業を希望する者が増加しつつある．従業員の副業従事や副業希望の背景には，本業による収入の低下を補填することだけでなく，転職や独立の準備として副業に従事すること，さらには本業では発揮できない能力を活用する機会として副業を選択することなどがある．副業に従事することは，収入増だけでなく，転職や独立の準備としての役割を果たしており，本業における能力活用，向上の効果もあると言える．もしこのことが正しいとすれば，企業としても副業を認めることにメリットがあることになろう．副業で獲得された能力が本業に生かされるだけでなく，従業員の自立した生活設計を支援することにつながる．

　これまで各章の概要で紹介してきたように，働き方の多様化つまり就業形態の多様化は，企業の人材活用ニーズに合致するものだけでなく，働く人々の就業ニーズを満たすものであることも否定できない．しかし，現在の就業者のすべてが希望する就業形態に従事できているわけではない．就業形態多様化のプラスの側面を生かしつつ，就業形態間の円滑な移行の仕組みを整備していくことが求められよう．また，本書は，働き方が多様化する下で，自己のキャリアを積極的にデザインしようと考えている人々やそれを支援する仕事に従事する

キャリア・カウンセラーさらには人事担当者の皆様のお仕事に有益な情報を提供できるものと確信している．

　最後に，本書の各章が分析の対象としている調査にご協力いただいた回答者の皆様に感謝を申し上げたい．分析に利用している調査に関しては，紙幅の制約から調査結果の一部しか本書では活用できていない．調査の全体にご関心をお持ちの方は，分析結果と調査票が収録されている報告書（本書巻末の「調査の概要」の3を参照）を参照していただきたい．また，今回の研究に対して自由な議論の場をご提供いただいた生命保険文化センターにお礼を申し上げたい．

　本書の刊行について，勁草書房編集部の伊藤安奈氏と宮本詳三氏のお二人に大変お世話になった．記して感謝したい．

2004年1月

佐藤　博樹

目　　次

はじめに

第1章　働き方の多様化とその選択 …………………………佐藤博樹……3
　　　──誰のための多様化か──
　1. はじめに　3
　2. 多様な働き方の担い手の基本属性と実就業時間　4
　3. 働く人々は現在の就業形態を希望しているのか　6
　4. 小　　活　13

第2章　派遣労働者の光と影…………………………………大沢真知子……17
　　　──正社員はしあわせか──
　1. はじめに　17
　2. 派遣労働者の増加の実態　17
　3. 派遣労働者とは誰なのか　18
　4. 派遣という就業形態を選んだ理由　21
　5. 派遣を選択せざるをえないような制約　24
　6. 派遣という仕事に対する満足度　25
　7. 労働条件格差　28
　8. 派遣から正規への道はあるのか　30
　9. 希望の就業形態とのずれとその理由　30
　10. 調査結果からみえてきたこと　33

第3章　SOHOの存在基盤と労働世界 ……………………鎌田彰仁……35
　　　──必要なネットワーク支援──
　1. はじめに　35

2. SOHOの定義と属性　36
  3. SOHOスタイルの存立基盤　40
  4. SOHOの労働世界　47
  5. SOHOと産業コミュニティ　52

第4章　「幸福な転職」の条件 ……………………………玄田有史……57
　　　──重要なウィークタイズ──
  1. 何が問題なのか　57
  2. 転職する人，定着する人　58
  3. 幸せな転職をもたらすもの　67
  4. 独立志向の源泉　74
  5. 職場以外の人間関係　76
  6. 身も蓋もない結果？　79
  7. 「ウィークタイズが重要」は本当か　80

第5章　再就職する女性たち………………………………藤田由紀子……87
　　　──両立支援に向けて──
  1. はじめに　87
  2. 有配偶女性の退職経験と働き方の関係　89
  3. 有配偶女性の現実と理想の働き方　94
  4. 再就職が意図的か非意図的かによって異なる，望む働き方，
     再就職準備と子供の数　100
  5. 再就職をする女性に対する仕事と家庭の両立支援へ向けて　106

第6章　ワークスタイルの多様化と報酬制度 ……………西久保浩二……111
　　　──ふたつの多様化は整合するか──
  1. ふたつの多様化　111
  2. ワークスタイルと制度ニーズ　115
  3. ふたつの多様化は整合するのか　122
  4. 求められる制度的選択肢の拡大　128

第7章 自己啓発とスペクトラム ……………………………長井　毅…… 133
　　　　――自立的な働き方を求めて――
1. 自己啓発の定義とその歴史的背景　133
2. 自己啓発への取り組みの現状と意向　138
3. 自己啓発と雇用のモビリティ　147
4. 自己啓発とワークスタイルの多様化　153
5. おわりに　155

第8章 副業するサラリーマン ……………………………髙石　洋…… 159
　　　　――新しい能力開発機会――
1. はじめに　159
2. サラリーマンの副業をめぐる現状　159
3. 副業者，副業希望者の割合　162
4. 副業を促す要因の分析　163
5. 副業と生活設計　170
6. まとめ　176

「ワークスタイルの多様化と生活設計に関する調査」の概要 ………… 179

索　　引 ……………………………………………………………………… 182

変わる働き方とキャリア・デザイン

第1章　働き方の多様化とその選択
　　　　──誰のための多様化か？──

佐藤　博樹

1. はじめに

　働き方の多様化が進展している．雇用セクターでは，正社員などフルタイムの働き方だけでなくパートタイムの働き方や，さらには雇用先とは別の使用者の指揮命令下で働く派遣社員などの働き方が生まれている．さらにパートや派遣は，職種を限定して雇用されることが多く，職種を限定しないで雇用される従来の正社員の働き方と異なるものである．また，非雇用セクターでは，情報通信技術を利用して自宅で仕事を行う新しい類型の自営業なども出現している．いわゆるSOHOである．

　こうした働き方の多様化に関して，企業の人材活用ニーズに合致するものであっても，働く人々の就業ニーズを満たすものでないと否定的に評価する見方と，就業時間や職種や就業場所を選択できるなど従来の正社員の働き方に比べ自由度が高く，働く人々の就業ニーズに即したものと肯定的に評価する見方が併存している（岩田・藤本（2003），佐藤（1998））．

　本章では，働いている人々自身が，従事している働き方をどのように評価しているかを分析することを通じて，働き方の多様化の意味を検討する．分析に取り上げる就業形態は，民間企業の正社員（524人），公務員としての正社員（公務員と略記，62人），パート・アルバイト（157人），登録型派遣社員（87人），常用型派遣社員（49人），従業員を雇用しない自営業主・自由業主（自営・自由と略記，87人）である．前者の3つは一般就労調査から，登録型派遣社員と常用型派遣社員は派遣社員調査から，自営・自由はSOHO調査から抽出したものである．調査方法等は，巻末の「調査の概要」を参照されたい．

2．多様な働き方の担い手の基本属性と実就業時間

就業形態別の基本属性と週の実就業時間は，表1.1のようになる．就業形態別に性別構成が異なり，民間企業の正社員や公務員さらに自営・自由は男性の比重が高く，他方，パート・アルバイト，登録型派遣社員，常用型派遣社員は女性が主となる．とりわけ登録型派社員は女性が大多数となる．年齢構成では，登録型と常用型の派遣社員が若く，未婚者比率も高い．学歴構成を短大以上比率で見ると，公務員で高く，他方，パート・アルバイトと自営・自由で低くなる．

週の平均実就業時間は，民間企業の正社員と公務員で長く，他方，パート・アルバイト，登録型派遣社員，常用型派遣社員で短くなる．

次に生活価値観の違いが，就業形態の選択に関係しているかどうかを検討しよう．具体的には，生活価値観に関する25の設問から抽出した生活価値観因子得点を就業形態別に比較する．因子分析から表1.2のような7つの因子が抽出されたが，ここでは因子寄与率が比較的高い4つの因子を主に取り上げる．

第1は，達成志向である．「たとえ苦労が多くても自分の夢は実現させたい」，「高い目標を立ててそれに挑戦していきたい」，「困難が伴っても自分がやりたい仕事をしたい」，「能力主義・業績主義は自分にとってチャンスだと思う」にプラスに反応し，他方，「努力や訓練が必要なことはあまりやりたくない」にマイナスに反応する「達成志向」因子得点は，自営・自由で最も高く，他方，パート・アルバイトや登録型及び常用型の派遣社員で低くマイナスとなる．

表1.1 基本属性と実就業時間

	男性比率(%)	平均年齢(歳)	短大以上比率(%)	未婚者比率(%)	実週平均就業時間	
					日数	時間
民間企業の正社員 (524人)	76.5	37.6	57.6	26.7	5.3	50.2
公務員 (62人)	79.0	40.1	74.2	19.4	5.2	49.6
パート・アルバイト (157人)	14.0	37.4	33.1	26.1	4.4	25.8
登録型派遣社員 (87人)	4.6	34.0	59.7	48.3	4.4	31.5
常用型派遣社員 (49人)	20.4	33.7	57.2	51.0	4.9	34.6
自営・自由 (87人)	62.1	41.8	44.8	20.7	5.2	44.1

表1.2 就業形態別に見た生活価値観の因子得点

	達成志向	会社中心志向	仕事中心志向	仕事手段志向	性別役割分業支持志向	家庭中心志向	現在志向
民間企業の正社員	0.040	0.101	0.011	−0.017	0.038	0.074	−0.112
公務員	−0.024	0.038	−0.117	−0.216	0.487	−0.499	−0.020
パート・アルバイト	−0.253	−0.151	−0.107	−0.120	0.003	0.033	0.376
登録型派遣社員	−0.175	−0.372	−0.133	0.267	−0.129	−0.073	−0.088
常用型派遣社員	−0.199	0.129	0.061	0.120	−0.079	−0.231	0.048
自営・自由	0.518	−0.073	0.314	0.164	−0.432	0.051	0.058

(注) 1. 25の設問の因子分析から抽出された7つの因子得点の平均を就業形態別に算出した結果である.
2. 因子抽出の方法は主成分分析で,回転法は正規化を伴うバリマックス法による.固有値1以上では7つに因子が抽出された.
3. 因子寄与率は,達成志向から順に15.3%,10.2%,8.0%,6.9%,5.0%,4.5%,4.3%となる.

　第2は,会社中心志向である.「仕事のために家庭生活が犠牲になることはやむをえない」,「自分から仕事をとったら何も残らない」,「同じ会社で一生働きたい」,「どんな仕事でも上司の命令は断れない」,「出世や昇進のためにはつらいことでも我慢したい」,「働くことは社会の一員としての義務である」にプラスに反応する「会社中心志向」因子得点は,常用型派遣社員,民間企業の正社員,公務員でプラスであるが,それほど高い水準ではない.会社中心志向は,民間企業の正社員でもそれほど高くないことが注目される.またこの3者の中では,公務員が最も低い水準にある.同じ派遣社員の中でも常用型派遣社員ではプラスとなるが,登録型派遣社員はマイナスとなる.常用型派遣社員は,派遣元の会社に正社員として雇用されている者が多く,その点で民間企業の正社員に近い因子得点となっていると考えられる.

　第3は,仕事中心志向である.「専門的な職業能力を高めたい」,「自分の専門的知識・技能の発揮できる仕事をしたい」,「社会的評価は低くても自分のやりたい仕事をしたい」にプラスに反応する「仕事志向」因子得点は,自営・自由,常用型派遣社員,民間企業の正社員でプラスとなるが,この3者の中で得点が高いのは自営・自由である.登録型派遣社員は仕事中心志向が高いとの評価があるが,今回の調査ではマイナスとなる.

　第4は,仕事手段志向である.「仕事は単にお金を稼ぐ手段に過ぎない」,「楽をして多くのお金を稼ぐことに抵抗感はない」,「働かなくても暮らせるな

らば，定職に就きたくない」，「仕事に不満がなくても条件次第では転職・独立したい」にプラスに反応する「仕事手段志向」因子得点は，登録型と常用型の派遣社員と自由・自営でプラスとなる．とりわけ登録型の派遣社員でこの因子得点が高い．つまり，登録型派遣社員は，仕事以外の生活に目標がある人々が多いと考えられる．

以上によれば，民間企業の正社員との対比で見ると，達成志向や仕事中心志向が高い者が自営・自由を選択し，会社中心志向が弱く仕事手段志向が高い者が登録型派遣社員を選択し，達成志向が弱く現在志向（「将来の生活よりも，現在の生活を大切にしたい」にプラスに反応）が高い者がパート・アルバイトを選択するなど，生活価値観と就業形態の選択の間に一定の対応関係があるといえそうである．なお，公務員は，民間企業の正社員に比べ，達成志向と仕事中心志向，および会社中心志向が弱い．

3. 働く人々は現在の就業形態を希望しているのか

仮に働き方を自由に選択できるとしたら，働く人々は，現在の就業形態に就くことを希望することになるのか．あるいは別の就業形態に就くことを希望することになるのか（表1.3）．

現在の就業形態別に希望する働き方を見ると，登録型と常用型の派遣社員を除いて，現在の就業形態が希望する就業形態の第1位に選択されている．就業者の多くは，現在の就業形態を他の就業形態よりも望ましいものと考えている．

登録型の派遣社員では，民間企業の正社員が希望する就業形態の第1位にあげられ，派遣社員は第2位となる．登録型派遣社員は，他の就業形態を希望しながらやむをえず現在の就業形態を選択している者が他に比べ多いと思われる．なお，常用型派遣社員では，民間企業の正社員が第1位で，派遣社員は上位に指摘されていないが，この理由は働き方は派遣であるが派遣元の会社に正社員として雇用されていることにあろう．

パート・アルバイトに関しては，やむをえず当該就業形態を選択しているとの評価もあるが，調査結果によれば，現在の就業形態を今後も希望する者がかなりの比重を占め，かつその水準は民間企業の正社員の場合と変わらないこと

表1.3 現在の就業形態別に見た希望する就業形態 (単位:%)

現在の就業形態	希望する就業形態				備考 (民間企業の正社員+公務員の比率)
	第1位	第2位	第3位	第4位	
民間企業の正社員 (524人)	民間企業の正社員 42.6	自由業 17.7	公務員 16.2	自営業主 16.0	58.8
公務員 (62人)	公務員 45.2	自由業 32.3	民間企業の正社員 12.9		58.1
パート・アルバイト (157人)	パート・アルバイト 42.7	公務員 16.6	民間企業の正社員/自由業 10.8		27.4
登録型派遣社員 (87人)	民間企業の正社員 28.7	派遣社員 27.6	公務員 14.9		43.6
常用型派遣社員 (49人)	民間企業の正社員 36.7	公務員 18.4	パート・アルバイト 10.2		55.1
自営・自由 (87人)	自営業主 52.9	自由業 25.3			10.3

(注) 10%以上の回答率を集めた選択肢を表掲した.

が注目される.

フルタイムの継続的な雇用機会を提供する働き方の代表例として民間企業の正社員と公務員をあげると,両者の働き方を希望する者の割合は,民間企業の正社員や公務員さらに常用型派遣社員では50%を超える.派遣社員の中でも正社員が多い常用型は,民間企業の正社員や公務員と同じくフルタイムの継続的な雇用機会を希望している.また登録型の派遣社員も,常用型の派遣社員ほどではないが,同じくフルタイムの継続的な雇用機会を希望する者がかなりの比重となる.他方,パート・アルバイトと自営・自由では,フルタイムの継続的な雇用機会を希望する者は30%以下となる.

以上によれば,働く人々の働き方に関する選好は,多様であることが明らかにされた.

就業形態を希望する理由は何か

　仮に自由に働き方を選択できた場合でも現在従事している就業形態を希望するのはなぜか．あるいは，現在とは別の働き方を選択する理由はどのようなものなのか．この点を表1.4で順次，検討しよう．

　民間企業の正社員が，現在の働き方を今後も希望する理由は，収入が安定していることだけでなく，雇用が安定し長期勤続が期待できることにある．民間企業の正社員で，公務員を希望する働き方として選んだ理由は，今後の働き方として民間企業の正社員を希望する者と上記の理由は重なるが，それに加え退職金・年金が充実していることがあげられている．なお，民間企業の正社員について，希望する働き方として民間企業の正社員と公務員を選択した者を取り出し，両者の現在の勤務先の企業規模を比較すると，今後の働き方として民間企業の正社員を希望する者よりも公務員を希望する者の方が企業規模が小さくなる．

　民間企業の正社員で，自由業や自営業主を希望する者は，自分の能力が発揮できることや自分の判断で仕事が進められること，さらには努力に応じて収入が増えることなどをその理由としている．自由業や自営業主の働き方は，正社員よりも能力発揮が可能で，仕事の裁量性が高く，努力に応じた収入などが得られると考えられているのである．こうした理由は，自営・自由が，今後の就業形態として現在の働き方を選択する理由としてあげているものと同内容である．

　登録型の派遣社員が今度も派遣の就業形態を希望する理由は，都合に合わせて働けることや気楽に辞められることがあげられている．他方，登録型の派遣社員で，今後は民間企業の正社員や公務員を希望する者では，雇用の安定や長期勤続の可能性，さらには収入の安定や退職金・年金が充実していることを重視している．

　パート・アルバイトが，今後もその就業形態を希望する理由は，勤務の時間や日数が短く，自分の都合に合わせて働けることが指摘されている．生活と仕事を調和させて働ける就業形態としてパート・アルバイトを選択している者では，その就業形態を継続したいと考えているのである．他方，パート・アルバイトの中で今後の働き方として民間企業の正社員や公務員を希望する者は，収

表1.4 現在の就業形態別に希望する就業形態を選択する理由（複数回答） （単位：％）

	第1位	第2位	第3位	第4位
民間企業の正社員 →民間企業の正社員 （223人）	収入が安定 52.0	長期勤続見込める 51.6	雇用が安定 39.0	仕事が適している 34.5
民間企業の正社員 →公務員 （85人）	収入が安定 80.0	雇用が安定 62.4	退職金・年金が充実 61.2	長期勤続が見込める 57.6
民間企業の正社員 →自由業 （93人）	能力発揮可能 60.2	努力に応じて収入アップ 58.1	自分の判断で仕事を管理／専門的資格・技能を活用 55.9	
民間企業の正社員 →自営業主 （84人）	自分の判断で仕事を管理 79.8	能力発揮可能 58.3	努力に応じて収入アップ 56.0	都合に合わせて働ける 34.5
公務員 →公務員 （28人）	長期勤続見込める 67.9	雇用が安定 64.3	収入が安定 53.8	仕事が適している 50.0
公務員 →自営・自由 （22人）	自分の判断で仕事を管理 77.3	能力発揮可能 68.5	専門的資格・技能を活用 45.5	努力に応じて収入アップ 40.9
自営・自由 →自営・自由 （68人）	自分の判断で仕事を管理 83.8	能力発揮可能 76.5	努力に応じて収入アップ 75.0	仕事が適している 61.8
登録型派遣 →派遣 （24人）	都合に合わせて働ける 62.5	気楽に辞められる 50.0	仕事が適している 29.2	
登録型派遣 →民間企業の正社員・公務員 （38人）	長期勤続見込める 71.1	雇用が安定／収入が安定 52.6		福利厚生が充実 50.0
常用型派遣 →民間企業の正社員・公務員 （27人）	長期勤続見込める 55.6	収入が安定／退職金・年金が充実 48.2		雇用が安定 37.0
パート・アルバイト →パート・アルバイト （67人）	都合に合わせて働ける 70.1	勤務時間が短い 55.2	勤務日数が少ない 40.3	通勤時間が短い 35.8
パート・アルバイト →民間企業の正社員・公務員 （43人）	収入が安定 79.1	雇用が安定 69.8	長期勤続見込める／退職金・年金が充実 55.8	

（注） 1. 上位4位以内あるいは25％以上の比率の選択肢を表掲。
2. 希望する就業先のサンプル数が少ない場合，民間企業の正社員と公務員を，自営業主と自由業を合併したものがある。
3. 希望する就業先の回答数が20人以下は表掲していない。

入の安定や退職金・年金が充実していること，さらには雇用の安定や長期勤続の可能性を重視している．

登録型の派遣社員やパート・アルバイトの中で，今後の働き方として民間企業の正社員や公務員を希望している者は，現在の就業形態での充足が難しい事柄を求めている．

現在の就業形態を選択せざるをえない制約条件の有無と内容

現在の就業形態を選択せざるをえない制約条件の有無を見ると，制約があるとした者は，民間企業の正社員（13.4％）や公務員（9.7％）では1割前後と低いが，他方，パート・アルバイト（52.2％）で高くなる．登録型派遣社員（37.9％），常用型派遣社員（32.7％），自営・自由（28.7％）は，両者の中間に位置する．

制約があるとした者の比率が高いパート・アルバイト（82人）の制約条件（複数回答）の内容は，「育児」（53.7％），「配偶者控除内に収入を抑えること」（35.4％），「年齢面での制約」（22.0％）が指摘されている．この3つの要因は，登録型派遣社員と常用型派遣社員の両者でも指摘率が高い（表1.5）．

パート・アルバイトでは，育児や配偶者控除内に収入を抑えたり，さらには年齢面で正社員の仕事が得られなかったことなどが，現在の就業形態を選択せざるをえなかった理由として指摘されていた．パート・アルバイトで就業している人々に関しては，2つの評価が存在する．ひとつは，育児等の家庭的責任を果たさざるを得ないため，やむなく短時間勤務のパート・アルバイトの就業形態を選択しているのであり，非自発的に当該就業形態を選択していると考えるものである．もうひとつは，パート・アルバイトの就業形態を選択している人々は，仕事よりも家庭生活を重視しており，その結果として生活と仕事の調和を図りやすい働き方としてパート・アルバイトの就業形態を選択していると捉えるものである．いずれの見方を採用するかによって，育児などの制約条件の評価が異なるものとなる．パート・アルバイトの中でも家庭生活を重視するライフスタイルを選択する者では，後者の見方が当てはまろう．

表1.5 現在の就業形態を選択せざるを得ない内容（複数回答） （単位：％）

	第1位	第2位	第3位	第4位
登録型派遣社員 （33人）	育児 30.3	配偶者控除内に収入を抑える 24.2	年齢面の制約／その他 21.2	
常用型派遣社員 （16人）	他の働き方で採用されない 37.5	育児／年齢面の制約 31.3		配偶者控除内に収入を抑える 25.0
パート・アルバイト （82人）	育児 53.7	配偶者控除内に収入を抑える 35.4	年齢面の制約 22.0	配偶者の収入が少ないため 11.0
自営・自由 （25人）	その他 28.0	育児 24.0	年齢面の制約 20.0	健康面での制約 16.0

現在の仕事や勤務先に関する満足と不満

　現在の仕事や勤務先に関して満足している点や不満を感じている点は，就業形態によって異なる（表1.6）．こうした違いは，従事している仕事や就業先の客観的な状況と回答者の働き方や仕事に関わる選好の違いを反映したものである．

　民間企業の正社員は，通勤時間，雇用の安定性，職種などに満足しているが，他方，年間収入額，会社の将来性などには不満を感じている者が多くなる．

　公務員では，満足している事項の満足度が高く，とりわけ雇用の安定性と通勤時間に関する満足度は民間企業の正社員よりも高い水準にある．不満では，年間収入が不満の第1位であるが，その比率は民間企業の正社員よりも低く，民間企業の正社員では上位に指摘されなかった人事評価，異動・転勤，賃金・報酬制度など配置や処遇に関する項目に関する不満が上位に入っている．配置や処遇面の改善が求められていることがわかる．

　登録型の派遣社員と常用型の派遣社員の両者は，通勤時間や労働時間や職種に満足しており，他方，年間収入額や賃金・報酬制度に不満を抱く者が多い．

　パート・アルバイトでは，通勤時間や労働時間に関する満足度が高い．生活と仕事の調和を求める選好に合致する働き方として，こうした点に関する満足度が高いといえよう．他方，不満では，比率はそれほど高くないが，賃金・報酬制度や年間収入額が上位に入る．雇用の安定性は不満の第3位に入るが，そ

表1.6 現在の仕事や勤務先に関する満足な点と不満を感じている点（複数回答，上位5位まで表掲）

（満足している点） (単位：％)

	第1位	第2位	第3位	第4位	第5位
民間企業の正社員	通勤時間 42.2	雇用の安定性 37.4	職種 33.6	職場の人間関係 30.0	休日・休暇 27.9
公務員	雇用の安定性 82.3	通勤時間 54.8	休日・休暇／職場の人間関係 37.1		労働時間 35.5
登録型派遣社員	労働時間 43.7	通勤時間 41.4	職種 35.6	雇用の安定 32.2	勤務形態 27.6
常用型派遣社員	通勤時間 57.1	労働時間 49.0	職種 44.9	職場の人間関係 42.9	雇用の安定性 40.8
パート・アルバイト	通勤時間 66.9	労働時間 40.1	休日・休暇 24.2	職種 21.0	勤務形態 15.3
自営・自由	能力発揮機会 49.4	職種 40.2	勤務形態 28.7	労働時間 24.1	休日・休暇／通勤時間 21.8

（不満を感じている点）

	第1位	第2位	第3位	第4位	第5位
民間企業の正社員	年間収入額 51.0	会社の将来性 31.5	休日・休暇 28.6	退職金・年金 27.5	労働時間 26.7
公務員	年間収入額 27.4	人事評価 22.6	異動・転勤／賃金・報酬制度 19.4		能力発揮機会／福利厚生 16.1
登録型派遣社員	年間収入額 37.9	賃金・報酬制度 36.8	職場の人間関係／退職金・年金 28.7		雇用の安定性／福利厚生 21.8
常用型派遣社員	年間収入額 44.9	賃金・報酬制度 32.7	退職金／年金 20.4		休日・休暇 16.3
パート・アルバイト	賃金・報酬制度 29.9	年間収入額 26.1	雇用の安定性／休日・休暇 12.1		退職金・年金 11.5
自営・自由	年間収入額 49.4	雇用の安定性／退職金・年金 23.0		会社の将来性 19.5	休日・休暇 18.4

表1.7 現在の仕事や勤務先に関する総合満足度

	満足度得点
民間企業の正社員	4.44
うち今後も同就業形態を希望	9.34
公務員	18.68
うち今後も同就業形態を希望	24.28
登録型派遣社員	5.98
うち今後も派遣社員を希望	13.32
常用型派遣社員	9.78
パート・アルバイト	7.26
うち今後も同就業形態を希望	11.64
自営・自由	12.42
うち今後も自営・自由を希望	13.52

(注) 1. 満足度得点＝(満足(%)×2＋やや満足(%)×1＋どちらともいえない(%)×0＋やや不満(%)×(−1)＋不満(%)×(−2))÷5
2. 常用型派遣社員でその就業形態を今後も希望する者は回答者が少ないため，満足度を表掲していない．

の比率は12.1％と低比率である．

　自営・自由は，能力発揮機会や職種に満足している．不満を感じる点は，年間収入額，雇用の安定性，退職金・年金などである．

仕事や勤務先に関する総合的な満足度

　仕事や勤務先に関する総合的な満足度は，就業形態で異なる（表1.7）．総合満足度は，公務員が最も高く，他方，民間企業の正社員が最も低くなる．とりわけ公務員の満足度の高さが際だつ．登録型や常用型の派遣社員やパート・アルバイトの満足度は，民間企業の正社員よりも高くなる．さらに，仮に自由に働き方を選べるとしても現在の就業形態を選択するとした者の総合満足度は，いずれの就業形態でも，当該就業形態計の水準よりも高い．

4. 小　括

　以上の分析で明らかとなった点をまとめておこう．

第1に，民間企業の正社員との対比で見ると，達成志向や仕事中心志向が高い者は自営・自由を選択し，会社中心志向が弱く仕事手段志向が高い者は登録型派遣社員を選択し，達成志向が弱く現在志向（「将来の生活よりも，現在の生活を大切にしたい」にプラスに反応）が高い者はパート・アルバイトを選択するなど，生活価値観と就業形態選択の間に一定の対応関係が見られる．

　第2に，現在の就業形態別に希望する働き方を見ると，登録型と常用型の派遣社員を除き，現在の就業形態が希望する就業形態の第1位に選択されている．働いている人々の多くは，現在の就業形態を他の形態よりも望ましいものと考えている．

　第3に，登録型の派遣社員では，その就業形態を希望する者も多いが，フルタイムの継続的な雇用機会として正社員を希望する者がかなりの比重となる．こうした中にあって登録型の派遣社員が，今後も派遣の就業形態を希望する理由は，都合に合わせて働けることや気楽に辞められることにある．他方，登録型の派遣社員で，民間企業の正社員や公務員の就業形態を希望している者は，雇用の安定，長期勤続の可能性，収入の安定，退職金・年金が充実していることを重視している．つまり登録型の派遣社員の中で，民間企業の正社員や公務員を希望している者は，現在の就業形態では充足が難しい事柄を働き方に求めている．

　第4に，パート・アルバイトに関しては，やむを得ずその就業形態を選択しているとの評価もあるが，現在の就業形態を今後も希望する者がかなりの比重を占め，かつその水準は民間企業の正社員と変わらない．さらにパート・アルバイトでは，フルタイムの継続的な雇用機会を希望する者は3割以下となる．こうした結果，仕事や勤務先に関するパート・アルバイトの総合満足度は，民間企業の正社員の水準を上回る．

　パート・アルバイトが，今後もその就業形態を希望する理由は，勤務の時間や日数が短く，自分の都合に合わせて働けることにある．さらに生活と仕事を調和させて働くことができる働き方としてパート・アルバイトを選択している者では，その就業形態を継続したいと考える者が多い．他方，パート・アルバイトの中で今後の働き方として民間企業の正社員や公務員を希望する者は，収入の安定や退職金・年金が充実していること，さらには雇用の安定や長期勤続

の可能性を重視し，その結果として，他の就業形態を希望している．

　最後に，就業形態の多様化は，多様な生活価値観や，就業形態に関して異なる選好を持つ就業希望者に対して，その価値観や選好に合致した就業機会を提供するものとして肯定的に評価できるものである．しかしながら就業者のすべてが，生活価値観や就業形態の選好に合致した働き方を選択できているわけではない．就業形態間の移行を支援する仕組みを整備し，就業形態間のミスマッチを是正することが求められる．

参考文献

岩田克彦・藤本隆史（2003）「非典型雇用労働者の多様な就業実態」『非典型雇用労働者の多様な就業実態：「就業形態の多様化に関する総合実態調査」等による実証分析』日本労働研究機構．

佐藤博樹（1998）「非典型労働の実態：柔軟な就業機会の提供か？」『日本労働研究雑誌』第462号．

第2章　派遣労働者の光と影
　　　——正社員はしあわせか——

大沢真知子

1. はじめに

　いま日本のなかには，派遣という働き方を自分の生活を優先できる新しい働き方として積極的に位置づける見方とともに，慎重論もみられる．派遣という働き方が安定した雇用ではないことや，結果として収入が不安定であることなどがその理由だ．
　この章では派遣労働者に焦点をあて，「ワークスタイルの多様化と生活設計の変化に関する調査」の結果から，仕事への満足度などをさぐってみた．その結果みえてきたのは，2つの相反する事実である．
　消極的に派遣という仕事を選んでいる人がふえているにもかかわらず，派遣労働者の仕事への満足度は正社員と比較すれば低くないということである．また，現在正社員である人のうちの6割は他の働き方を希望している．このことは，派遣という働き方が企業のニーズの高まりによってふえているということを示唆するとともに，正社員という働き方が必ずしも満足度の高い働き方ではないことも意味しているのである．
　以下では，派遣という就業形態を選んだ理由，派遣労働者の労働条件や仕事に関する満足度，さらにはもし自由に就業形態を選べるとしたらどのような働き方を希望しているのかについて，みてみることにしたい．

2. 派遣労働者の増加の実態

　派遣労働という働き方は比較的新しい働き方である．従来の働き方とは，長

期の期間の定めのない雇用契約を交し，働いている企業に直接雇用され，フルタイムで働いている労働者のことをいう．

これに対して最近ふえているのは，有期の雇用契約をもつ労働者であり，パートタイマーであり，また本章での分析対象である企業から派遣されて働く派遣労働者である．

労働省「平成11年度就業形態多様化に関する総合実態調査」をみると，全雇用者の72.5％が正規労働者，残りの27.5％が非正規労働者となっている．また，非正規労働者の内訳をみると，パートタイマー（73.9％），契約社員（8.4％），臨時的社員（6.7％），出向社員（4.6％），派遣社員（3.9％）となっている．

派遣労働者は非正規のうちの約4％，また，雇用者全体の0.6％を占めるにすぎずそれほど大きな比重を占めてはいない．しかしここにきて大きな伸びを示している．

派遣労働者の数が少なかったのは，職種が専門性の高い26業種に限定されていたからだが，この規制も平成11年12月には改正され，原則自由化された．

図2.1は，平成5年度からの派遣労働者数の推移をみたものである．平成5年度から平成7年度にかけてはそれほど大きな変化はないが，それ以降急速に増加し，平成11年度にはその数がはじめて100万人を超えた．そして平成12年度には139万人に増加．対前年度の比較でみると36.1％増という大幅な伸び率を示している．

なお，この数字は派遣として常用雇用されている人と，この1年間に派遣として登録した人の数が一緒になった数字である．派遣労働者によっては複数社登録している人もいるので，実際に派遣労働者として働いている人の数よりも過大に見積もられている．世帯の調査によって実際に派遣労働者として働いている人の数を把握している総務庁の就業構造基本調査によると，2002年の派遣労働者数は68万4,400人と派遣事業報告集計結果の2分の1になっている．

3. 派遣労働者とは誰なのか

正社員やパートタイマーと比較して派遣労働者にはどのような特徴があるの

図2.1　派遣された派遣労働者数等

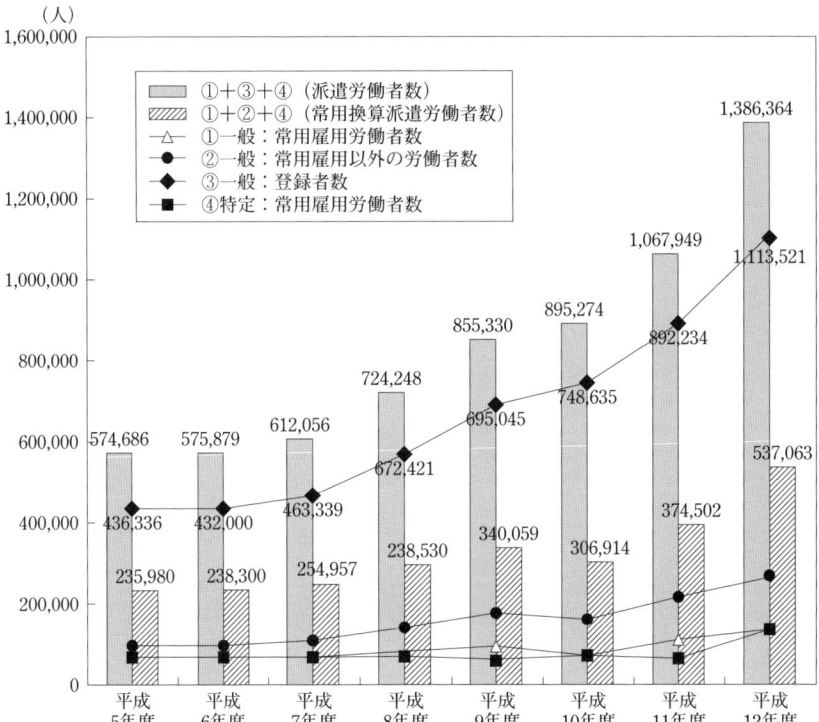

(注)　常用雇用以外の労働者数は常用換算（常用雇用以外の労働者の年間総労働時間数の合計を常用雇用労働者の1人当たりの年間総労働時間数で除したもの）としている．

だろうか．なおここでのパートタイマーは既婚女性のみで，独身の女性や男性は含まれていない．

　派遣労働者の89.7％は女性である．男性は10.3％と少ない．平均年齢は34.2歳で，42.3％が20代，30.3％が30代である．また，派遣労働者の既婚率は51.4％．約半数弱は未婚者である．

　学歴は，正社員よりは低く，パートタイマーよりは高い．しかし，女性の正社員とはそれほど大きく変わらない．おもに短大・高専卒の女性が中心になっている（表2.1）．派遣の42.3％が短大・高専卒である．

　職種は事務または専門職が中心で，全体の49.1％が事務職従事者，22.9％

表2.1 就業形態別学歴構成　(単位：%)

	正規雇用		パートタイマー	派遣	
	全体	女性のみ		全体	登録型派遣のみ
中学卒	4.9	2.2	7.8	2.3	1.1
高校卒	35.3	33.8	59.1	37.1	39.1
短大・高専卒	13.8	35.3	22.6	42.3	37.9
大学・大学院卒	45.6	27.9	10.4	18.3	21.8

表2.2 就業形態別職種構成　(単位：%)

	正規雇用		パートタイマー	派遣	
	全体	女性のみ		全体	登録型派遣のみ
管理職	17.1	3.7	—	1.1	1.1
事務職	20.8	47.1	10.4	49.1	52.9
販売・営業職	16.4	10.3	18.3	10.9	11.5
専門職	28.0	24.3	13.9	22.9	18.4
現業職・労務職	8.7	4.4	13.0	4.0	3.4
サービス・保安職	7.0	8.1	30.4	6.9	6.9
経営者・事業主	1.0	0.7	—	—	—
その他	1.0	1.5	13.0	4.6	4.6
不明	—	—	0.9	0.6	1.1

表2.3 就業形態別従業員規模構成〔6段階〕　(単位：%)

	正規雇用		パートタイマー	派遣	
	全体	女性のみ		全体	登録型派遣のみ
1～29人	23.0	32.4	48.4	16.6	17.2
30～99人	14.2	10.3	17.8	14.9	12.6
100～299人	14.5	15.4	11.5	17.1	19.5
300～999人	15.4	16.2	10.2	16.6	13.8
1,000～4,999人	18.1	11.8	3.2	10.9	11.5
5,000人以上	14.2	14.0	4.5	18.3	18.4
不明	0.7	—	4.5	5.7	6.9

が専門職となっている（表2.2）．就業形態別に事業所規模の分布をみると，パートや正社員の分布に比べて小規模事業所で働いているものの割合が少なく，また，5,000人以上の規模で多くなっている（表2.3）．

つまり，派遣労働者とは短大卒の女性を中心に比較的規模の大きい事業所で働いている労働者である．

4. 派遣という就業形態を選んだ理由

派遣という就業形態を選んだ理由は何なのだろう．

図2.2はその理由別にみたものである．複数回答なので，回答者のうちそう答えたものの割合がパーセントで男女別に示されている．

派遣を選んだ理由のうちもっとも多かった回答は，「パートやアルバイトよりも収入がよいから」（40.0％）で，つぎが正社員として就職が決まらなかったから（25.7％）になっている（この数字は図には示していない）．

これを男女別にみると，男性では「正社員として就職が決まらなかったから（33.3％）」がもっとも多く，女性では逆に「パートやアルバイトよりも収入が多い」（41.4％）を理由にあげる人が多い．

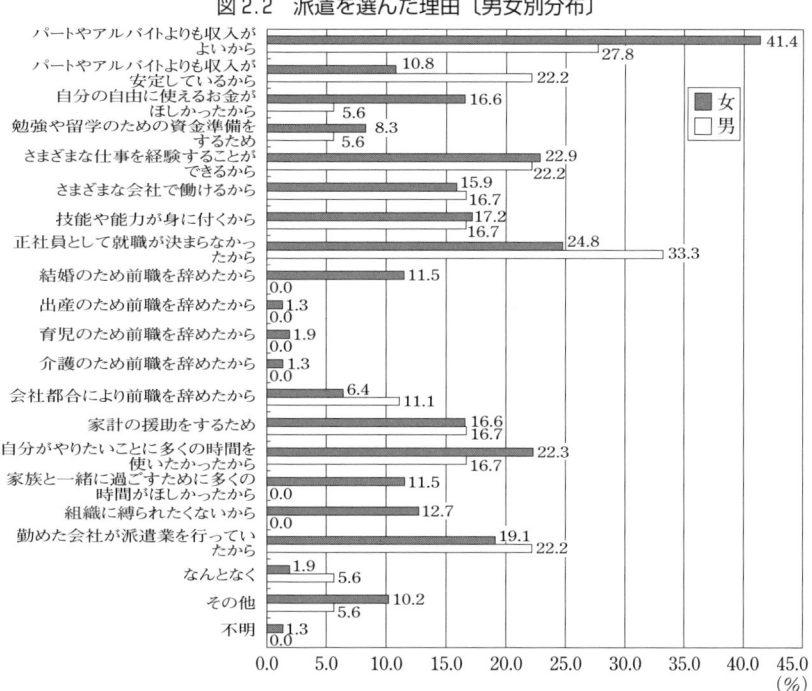

図2.2 派遣を選んだ理由〔男女別分布〕

理由	女	男
パートやアルバイトよりも収入がよいから	41.4	27.8
パートやアルバイトよりも収入が安定しているから	10.8	22.2
自分の自由に使えるお金がほしかったから	16.6	5.6
勉強や留学のための資金準備をするため	8.3	5.6
さまざまな仕事を経験することができるから	22.9	22.2
さまざまな会社で働けるから	15.9	16.7
技能や能力が身に付くから	17.2	16.7
正社員として就職が決まらなかったから	24.8	33.3
結婚のため前職を辞めたから	11.5	0.0
出産のため前職を辞めたから	1.3	0.0
育児のため前職を辞めたから	1.9	0.0
介護のため前職を辞めたから	1.3	0.0
会社都合により前職を辞めたから	6.4	11.1
家計の援助をするため	16.6	16.7
自分がやりたいことに多くの時間を使いたかったから	22.3	16.7
家族と一緒に過ごすために多くの時間がほしかったから	11.5	0.0
組織に縛られたくないから	12.7	0.0
勤めた会社が派遣業を行っていたから	19.1	22.2
なんとなく	1.9	5.6
その他	10.2	5.6
不明	1.3	0.0

(％)

4.1 派遣を選択する理由が多様化している

このことは，男性の派遣労働者の場合は，正社員と非正社員（派遣）の仕事を並列に位置づけて選択をしているのに対して，女性の派遣労働者の多くは，自発的にせよ，非自発的にせよ，正規よりも非正規を選んだあとに，非正規の仕事のなかで労働条件を比べて，どの就業形態を選ぶかを決めている．

ここから女性のほうが非正規就業をより積極的に位置づけている姿がうかんでくる．ただ，女性のなかでも正社員として就職が決まらなかったことを派遣を選んだ理由にあげたひとが 24.8％ もいる．そして，これが女性のあいだでも派遣を選んだ理由の第2位にあげられている．

興味深いことは，就業形態が多様化するにしたがって，選択理由も多様化していることだ．そのことは，以下でみる派遣を選んだ積極的な理由からもうかがえる．

4.2 派遣を選んだ積極的な理由

派遣を選んだ理由として積極的な理由をあげた人も多い．それらを回答者の割合が多かった順にあげると「さまざまな仕事が経験できるから」（22.7％），「技能や能力が身に付くから」（17.1％），「さまざまな会社で働けるから」（16.0％）となる．このように派遣という就業機会を積極的にとらえているのは，高卒・短大卒の女性に多く，大卒に少ない．

4.3 大卒ではキャリアのつなぎとして派遣を位置づけている人も多い

興味深いのは，大卒の女性では「勉強や留学のための資金準備をするため」と答えた人が多いことだ．こう回答したのは大卒女性の 26.9％．派遣という就業形態がキャリアのステップアップのための資金づくりをしている人も大卒女性の派遣労働者の4人に1人はいるということがわかる．

4.4 若い女性ほど自分の時間を大切にしたい人がふえている

最近は仕事だけでなく，自分の時間を大切にしたいという人もふえてきている．こういった生活志向の高まりもこの調査に反映されている．たとえば「自分がやりたいこと（勉強・趣味・スポーツ）に多くの時間を使いたかったか

ら」(21.7%) といった理由を派遣を選んだ理由にあげている人も結構多い．こう答えた人の92%は女性で42%が20代である．若い女性ほど，自分の時間を大切にしたい人がふえている．

4.5 正社員になれなくて派遣を選ぶ労働者がふえている

いまみたように派遣という就業形態を積極的に選んでいる人も多いのだが，派遣労働者がふえるにしたがって正社員になれなくて派遣を選ぶ人がふえている．

東京都労働経済局『派遣労働に関する実態調査』をみると，現在派遣労働者で「正社員として働きたい」と答えている人は88年では23.5%であったが1998年には30.4%に増加している（東京都労働経済局『派遣労働に関する実態調査1998』）．

同様のことは，平成11年度就業形態多様化に関する総合実態調査でも指摘されている．「正社員として働ける会社がなかったから」と答えた人の割合は平成6年では19.2%であったのが，平成11年では29.1%へと10%ポイントも上昇している．

表2.4は，派遣を非自発的に選んだ人をさらに性別・学歴別にみたものである．これをみると，非自発的に派遣を選んでいるのは男性の高卒に多い．たとえば，6割の高卒の男性派遣労働者はこう答えているのに対して，大卒は16.7%と低い．

表2.4 正社員として働ける会社がなかったからを選択した人の割合

(単位：%)

	高卒	短大・高専卒	大卒
派遣労働者全体			
男性	60.0	20.0	16.7
女性	18.3	24.6	38.5
登録型派遣			
男性	0.0	0.0	0.0
女性	21.2	21.9	29.4
常用型派遣			
男性	75.0	33.3	0.0
女性	18.8	18.8	38.9

厚生労働省の調査によると，2002年3月に卒業する高校生で就職を希望している人のうち，就職が決まった人の割合が1月末時点で75.7％と過去最悪となっている．多くの企業が新卒採用を抑制しており，それがとくに新規の高卒正社員の雇用機会を減らしている．そのことがこの数字にも反映されているのだろう．

　これに対して女性の場合は，学歴の高いほど，正社員として就職が決まらなかったために派遣を選んでいる人が多い．たとえば，高卒の18.3％がこう答えているのに対して大卒では38.5％と高くなっている．また，この傾向は常用型派遣でより顕著にみられる．

　東京都労働経済局の『派遣労働に関する実態調査』をみると，1988年から98年にかけて派遣労働者に占める大卒の割合は20.3％から29.9％に上昇している．女性の高学歴化とともに，卒業後正社員の仕事がなくて仕方なく派遣につく女性がふえているのかもしれない．

5．派遣を選択せざるをえないような制約

　消極的に派遣を選んだとするならば，そうせざるえない制約があったのだろうか．

　制約があったと答えた人が36.4％いる．そのうち女性が88.7％で男性が11.3％と女性が圧倒的に多い．

　その制約とは何なのだろうか．回答が多かった順にあげると，育児（36.7％），年齢面での制約（28.3％），配偶者控除内で収入を抑えること（25.0％），別の働き方を希望したが採用されなかった（21.7％）となっている．

　これを男女別にみると，男性では年齢面での制約や別の働き方を望んだが採用されなかったという回答が多い．女性では育児や非課税額限度内への収入調整が多くなっているが，年齢制限をあげる人も多い．

　ここからみえてくるのは，労働市場に再参入しようという際に立ちはだかる日本の労働市場の制度的な障壁である．

　この壁の大きな理由は，正社員のキャリア形成がおもに入社してからの教育訓練や仕事の経験を積むことによってなされてきたというところにあるのだろ

う．そのために，途中からの参入ができにくい仕組みになっている．この傾向はとくに規模が大きい組織に顕著にみられる．

また，企業が訓練コストを回収するためには就業期間が長いほうが回収率が高くなる．そこで，なるべく若い労働者を採用しようとして募集に年齢制限を設ける場合が多い．これが多くの場合，非正規労働者から正規労働者への移動をさまたげている．

また，配偶者控除内に収入を抑えるというのは，本人の年収が103万円をこえると，労働時間を増やしても税負担や社会保障費の負担がふえるために，夫婦合算の手取りの所得が減少してしまう．そこで，労働時間を調整して非課税限度額内に年収を抑えることをいう．

実際には，配偶者控除が受けられなくなることよりも，夫が配偶者手当を受けられなくなったり，年収130万円を超えると社会保障費の負担が増えるなどの制度による影響が大きい．

こういった制度が，既婚女性の就労調整を促すとともに，非正規労働者の賃金を低めてきた．この調査でも25％の回答者（女性）が，「非課税限度額内に収入を抑えること」が就業選択の制約と考えている．

6. 派遣という仕事に対する満足度

さて消極的に派遣を選んでいる人の増加や，派遣などの非正規就労を選択せざるをえない制約があることなどを指摘した．しかし，それだけでは日本の派遣労働者の問題を十分にはとらえたとはいえない．なぜなら，以下でみるように正社員と派遣労働者のあいだに大きな労働条件格差があるにもかかわらず，派遣労働者の派遣という働き方（就業形態）への満足度は結構高いからである（表2.5）．約半数は派遣という就業形態に満足している（満足と答えた人9.1％と，やや満足と答えた人の40％を足した数字）．これにどちらともいえないと回答した人の割合を加えると77.7％になる．つまり積極的に不満だと回答している人は2割強にすぎない．さらに，半数以上（52.6％）の人が今後も派遣として働きたいと考えている．

消極的に派遣という仕事を選んでいる人がふえているにもかかわらず，それ

表2.5　派遣社員満足度〔男女別〕　(単位：％)

	男性	女性	総計
満足	0.0	10.2	9.1
やや満足	50.0	38.9	40.0
どちらともいえない	33.3	28.0	28.6
やや不満	11.1	16.6	16.0
不満	5.6	5.1	5.1
不明	0.0	1.3	1.1
総計	100.0	100.0	100.0

ほど積極的に不満がのべられておらず，また，半数以上（52.6％）の人が今後も派遣として働きたいと考えている．

　いま正社員を希望している派遣労働者（消極的に派遣労働者になっている人）だけを取りだして派遣という仕事に対する満足度をみてみよう．女性についてみると，満足とやや満足と答えた人を足すと，43.9％になる．どちらともいえないが25.6％となっており，正社員を希望している人の4割以上が派遣という現在の仕事に満足している．この数字は全体のサンプルでみた割合よりも高くなっている．

　つぎに，満足，やや満足，どちらともいえない，やや不満，不満という回答それぞれに，＋2，＋1，0，－1，－2という5つのスコアーを与えて満足度指

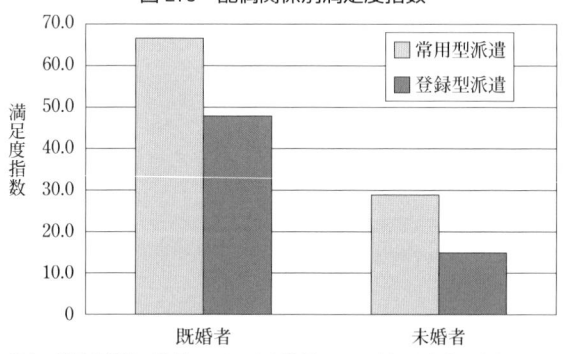

図2.3　配偶関係別満足度指数

(注)　満足度指数は満足＝＋2，やや満足＝＋1，どちらともいえない＝0，やや不満＝－1，不満＝－2というスコアーを与えることによって満足を指数化したもの．

第2章　派遣労働者の光と影

数を配偶関係別に計算した（図2.3）．これをみると，既婚者のほうが未婚者よりも満足度が高いことがわかる．

その理由は以下の満足の理由をみると納得できる．

6.2　満足の理由

派遣という働き方のどんな点に満足しているのか，回答が多い順に列挙すると，通勤時間（48.0％），労働時間（42.9％），職種〔事務，販売・営業，専門職など〕（38.9％），雇用の安定性（32.6％）となっている（表2.6a）．

つまり派遣という就労形態に満足しているのは，労働時間が不規則でなく，通勤時間も短い．また，報酬もパートやアルバイトよりは高い，といったところにある．

また時間の柔軟度や通勤時間に満足しているのは女性の短大・高専卒でもっとも多かった．こういった働き方がとくに子育てをしている女性（派遣という

表2.6a　満足の理由（複数回答）(単位：%)

理由	分布
雇用の安定性	32.6
職種（事務，販売・営業，専門職など）	38.9
能力の発揮の機会	19.4
会社の社会的評価	19.4
勤務形態（定型勤務，フレックス，裁量労働制など）	21.7
異動・転勤	1.1
労働時間	42.9
休日・休暇の取得日数	26.3
通勤時間	48.0
年間の収入金額	10.3
賃金・報酬制度（年功給，成果能力給，日給，時給など）	14.3
人事評価	3.4
職場の人間関係	29.7
人的ネットワークの広がり	8.0
福利厚生	7.4
退職金・年金	0.6
会社の将来性	5.1
該当理由なし（満足している点はない）	5.1
不明	1.7

表2.6b　不満の理由（複数回答）(単位：%)

理由	分布
雇用の安定性	18.9
職種（事務，販売・営業，専門職など）	6.3
能力の発揮の機会	8.6
会社の社会的評価	3.4
勤務形態（定型勤務，フレックス，裁量労働制など）	4.6
異動・転勤	3.4
労働時間	13.1
休日・休暇の取得日数	14.3
通勤時間	11.4
年間の収入金額	38.9
賃金・報酬制度（年功給，成果能力給，日給，時給など）	33.7
人事評価	9.7
職場の人間関係	21.1
人的ネットワークの広がり	7.4
福利厚生	20.0
退職金・年金	25.7
会社の将来性	7.4
該当理由なし（不満な点はない）	11.4
不明	0.6

6.2 不満の理由

それでは不満な点は何だろうか．

表 2.6b からその理由をみると，やはり賃金や処遇についての不満が多い．回答の多かった順に並べると，年間の収入金額（38.9％），賃金・報酬制度〔年功給，成果能力給，日給，時給など〕（33.7％），退職金・年金（25.7％），職場の人間関係（21.1％），福利厚生（20.0％）となっている．職場の人間関係をのぞくと不満の理由は賃金などの労働条件に集中している．

ただ，女性の正社員が賃金などの労働条件に満足しているわけではなく，正社員でも年間の収入金額（39.7％）や福利厚生（22.1％）や退職金・年金（23.5％）などに対する不満は多い．

7. 労働条件格差

さて賃金などの労働条件に関して不満が多いが，実態はどのようになっているのだろうか．

7.1 年　収

雇用形態別に労働者の職種や教育年数や年齢などが違うので純粋な格差（説明されうる格差を除いたあとの差）ではないが，平均の年収を比較すると，正規労働者が 561 万 3,000 円，派遣が 181 万 9,000 円，パートタイマーが 88 万 8,000 円となっており，派遣労働者の年収は正規労働者とパートタイマーの中間に位置する．

以下では格差を生み出す要因についてみてみよう．

年収が低いひとつの理由は就業年数の差である．正規労働の就業経験年数が 16.8 年，また，勤続年数（同じ会社で勤務している長さ）が 12.3 年と長いのに対して，派遣労働者は派遣先での就業年数が約 3 年（36.6 ヵ月）と短くなっている．派遣労働者の派遣以外の経験もふくめた就業経験年数はわからないが，勤続年数や就業経験年数の差が年収格差を生みだしている．

さらに，派遣労働者の就業の平均の中断期間は 6.2 年．辞めた理由の多くは出産のためである．個人差があるとはいうもののその後再就職するまでの中断期間が長く，この間のスキルのロスが大きい．

つぎに賃金制度についてみると，正社員の 65％ が勤続年数に応じて上昇する賃金制度と答えている．派遣やパートタイマーについての数字はないが，回帰分析により，派遣労働者の時給と勤続年数との相関をみたところ有意な相関がみられなかった．

他方，派遣労働者のなかで，正社員と同じ仕事をしていると答えた人の割合は，67.4％．正社員の補助的な仕事と答えた人は 29.7％ にすぎない．

最後に労働時間についてみてみよう．正社員の平均労働時間は週平均 50.1 時間，これに対して派遣労働者は 32.4 時間，パートタイマーは 22.4 時間となっている．

7.2　社会保険の加入率

つぎに派遣労働者の社会保険への加入状況をみてみよう．1999 年の派遣法改正によって，2 カ月以上継続して雇用される場合に，健康保険と厚生年金保険の加入が派遣元会社に義務付けられている．それでは実際の加入率はどうだろうか．

雇用保険に加入している人が 42.3％，厚生年金が 45.7％，健康保険 21.7％，国民年金 41.0％，国民健康保険が 20.6％ となっている．他の調査のパートタイマーの加入状況と比較すると，派遣労働者の加入率は高いが，それでも半数以上の人が雇用保険に入っていない．また，厚生年金にも国民年金にも加入し

表 2.7　社会保険加入状況　（単位：％）

	派遣			
	登録型派遣	常用型派遣	不明	計
雇用保険	40.2	51.0	35.9	42.3
厚生年金	46.0	51.0	38.5	45.7
健康保険	18.4	28.6	20.5	21.7
国民年金	41.4	51.0	28.2	41.1
国民健康保険	17.2	18.4	30.8	20.6
加入なし	26.4	14.3	20.5	21.7
不明	3.4	2.0	7.7	4.0

ていない人が約3割,健康保険では4割の人が未加入である(表2.7参照).

これを常用型派遣と登録型派遣に分けてみると,登録型派遣で加入率が低くなっているが,常用型派遣においても加入率がそれほど高くない.

8. 派遣から正規への道はあるのか

それではこういった労働条件に不満な場合,派遣労働者の正社員への道は開かれているのだろうか.

「可能性が高い」「どちらかといえば可能性が高い」という人の割合は7.1%と12.5%.合計すると約2割の人が可能性が高いと考えている.どちらともいえないが44.1%でもっとも多いが,それはあまりそういう可能性について考えていない人が多いからかもしれない.

さらにこの調査では,派遣労働者が現在にいたるまでに実際にどのような経歴をたどったのかを聞いている.派遣労働者のサンプルは現在派遣として働いている人と過去に派遣労働者だった人の両方のサンプルが含まれている.現在正社員で過去に派遣だった人の割合は8.4%,全サンプル262人のうちの22人がそれに該当する.

また,現在派遣で過去に派遣またはアルバイト・パートから正社員に移った人は30人で全サンプル262人のうちの11.5%にあたることがわかった.また,このうち派遣から正規に移った人は6人と少なくなっている.

現在正社員で過去に派遣労働者だった22人と過去に派遣から正社員になった6人をあわせると266人のサンプルの28人が派遣から正社員に移動している.数字にすると1割程度である.

これらの数字をみると,正社員への道がまったく閉ざされているわけではないが,非常に狭いことがわかる.

9. 希望の就業形態とのずれとその理由

この調査では,もし働き方を自由に選べるとしたらどのような雇用形態を希望するかと聞いている.そして現在の雇用形態と比較することによって,どれ

表 2.8a 希望雇用形態と現在の雇用形態とのずれ (単位：%)

現在の雇用形態	希望雇用形態と同じ	希望雇用形態と異なる	総計
民間企業の正社員	39.5	60.5	100.0
公務員	45.2	54.8	100.0
派遣社員	21.0	79.0	100.0
契約社員	26.5	73.5	100.0
臨時・日雇社員	0.0	100.0	100.0
パート・アルバイト	24.5	75.5	100.0
自営業主	63.9	36.1	100.0
自営業の家族従事者等	28.7	71.3	100.0
自由業	74.1	25.9	100.0
その他	37.0	63.0	100.0
不明	10.0	90.0	100.0
総計	37.1	62.9	100.0

だけの人が希望どおりの雇用形態を選択しているのかわかるようになっている．表 2.8a はその結果である．

これをみると派遣労働者の 21% が希望雇用形態と同じだといい，79% が異なると答えている．なお，この 21% はすべて女性であり，高卒，短大・高専卒に多く，大卒に少ない．

これを他の雇用形態と比べると，派遣労働者のあいだで希望と異なる比率がもっとも高くなっている．また，希望どおりと答えた人は自由業や自営業主で高くそれぞれ 74.1% と 63.9% となっている．

9.1 正社員の満足度

興味深いのは民間企業の正社員がかならずしも希望の雇用形態ではないと答えていることである．正社員の 60.5% が希望と異なると答えている．そして，それらの人に希望の雇用形態を聞いたところ，公務員 (16.9%)，自由業 (18.6%)，自営業 (17.8%) となっている．ここからみると，正社員のあいだで組織にしばられない働き方をしたいと希望している人が多いことがわかる．

以下では派遣労働者が派遣を希望する理由をみてみよう．上位 3 位の理由は，①都合にあわせて働くことができる (65.9%)，②気楽に辞めることができる (43.9%)，③仕事の内容が自分に適している (39.0%) となっている．ここから，派遣のメリットは柔軟な働き方と専門性があって職務が明確であることな

表2.8b 派遣を希望する理由
（現在派遣社員で，派遣希望の人のみ）

(単位：%)

理由	分布
長期で勤続できる見込みがある	24.4
昇進できる見込みがある	0.0
転居を伴う転勤がない	2.4
雇用が安定している	7.3
気軽に辞めることができる	43.9
努力に応じて収入も高くなる	17.1
高収入が得られる	14.6
収入が安定している	12.2
退職金・年金が充実している	0.0
福利厚生が充実している	4.9
都合に合わせて働くことができる	65.9
勤務時間が短い	24.4
在宅勤務ができる	2.4
勤務日数が少ない	17.1
通勤など移動時間が短い	14.6
自分で判断して仕事を進められる	12.2
自分の能力が発揮できる	14.6
専門的な資格・技能が活かせる	12.2
人的なつながりが広がる	14.6
仕事の内容が自分に適している	39.0
その他	7.3
不明	2.4

表2.8c 正社員を希望している派遣
社員の，正社員希望理由

(単位：%)

理由	分布
長期で勤続できる見込みがある	47.3
昇進できる見込みがある	8.6
転居を伴う転勤がない	5.4
雇用が安定している	48.4
気軽に辞めることができる	9.7
努力に応じて収入も高くなる	11.8
高収入が得られる	11.8
収入が安定している	53.8
退職金・年金が充実している	45.2
福利厚生が充実している	37.6
都合に合わせて働くことができる	6.5
勤務時間が短い	7.5
在宅勤務ができる	0.0
勤務日数が少ない	7.5
通勤など移動時間が短い	8.6
自分で判断して仕事を進められる	7.5
自分の能力が発揮できる	12.9
専門的な資格・技能が活かせる	7.5
人的なつながりが広がる	14.0
仕事の内容が自分に適している	17.2
その他	5.4
不明	4.3

どにあることがわかる．

つぎに，現在の雇用形態が希望する雇用形態と異なる場合に，どのような職業につきたいのかをみた．現在派遣であるが民間企業の正社員を希望する人が30.77％，公務員16.92％，自営業8.21％，自由業7.69％の順になっている．また，この数字をパート・アルバイトや契約社員と比べてみると，派遣労働者のあいだで民間企業の正社員を希望する割合が多い．

それではなぜ正社員を希望するのだろうか．その理由の上位4位は「収入が安定している」(53.8%)「雇用が安定している」(48.4%)「長期で勤続できる見込みがある」(47.3%)「退職金・年金が充実している」(45.2%)となっている．正社員になることによって，経済的な安定がえられることを理由にあげる人が多い．

10. 調査結果からみえてきたこと

　派遣という働き方をなぜ選択したのだろうか．それは希望とマッチしたものなのだろうか．それとも派遣を選ばざるをえない制約があったのか．派遣という働き方に満足しているのか．その理由はなぜか．などさまざまな側面から派遣という働き方についてみた．

　派遣という仕事を消極的に選んでいる人の増加や選ばざるをえない制約があるなど，現在の日本の労働市場がかかえる影の部分が派遣労働者の増大の背後に存在する．

　しかしそれだけではない労働者の意識の変化もこの調査から浮かび上がってきた．それは，働くことに対する意識の多様化であり，その背後には正社員で一生終わるというよりは，自分の一生を自分でコーディネートして働き方を決めたいと考える新しい意識の芽生えがある．たとえば派遣という働き方を選ぶことによって，留学の準備をしたり，自分がやりたいことをやるための資金作りをしている人もいる．

　こういった派遣労働者の意識の多様化とともに，組織に拘束される正社員という働き方に対する不満もみられる．正社員を希望の就業形態としないものの多くは，自営や自由業を希望の職種としている．これは失業率の高まりや雇用保障がゆらぐなかで，個人が組織から自立し，雇用を自分の力で確保しようと努力しはじめた結果ではないだろうか．それが派遣という就業形態を選ぶ人の意識の多様化にもつながっている．

　だからといって派遣の増大を手放しでよろこべないのは，正社員になりたいのになれなくて派遣やその他の非典型労働を選んでいる実態である．このことは，働く側の選択が変わったことよりも，こういった働き方にメリットをみいだす企業がふえたことや企業の人事戦略の変化が派遣の増大をもたらしていることを示唆している．

　さらにいえば，企業の人事戦略の変化は経済の構造変化が大きな影響を与えている．その意味では今後も派遣労働は増えるだろう．この流れを変えることはできないとしても，正社員を中心とした雇用保険制度や税・社会保険制度を

見直すことによって彼らの労働条件を整備することや，また，派遣から正社員への道を開いていくことも重要であるとおもわれる．

興味深いことは，これだけの労働条件の格差があるにもかかわらず，正社員という働き方への満足度が低く，派遣という不安定な雇用を積極的に選ぶ人が多いという事実である．

この事実をみて，だから規制緩和をして積極的に派遣という就業形態を広げていく政策をとるのか，それとも正社員を含めた，日本人全体の働き方を見直していくのか．どちらに主眼を置くかによって，21世紀の日本人の生き方は大きく異なってくるだろうとおもわれる．いずれにせよ今後，日本人の働き方は，雇用される働き方から自分でキャリアを積み上げて雇用を確保していく（自立的な）働き方に変化していくだろう．その予兆が調査結果から浮かび上がってきたようにおもう．

第3章　SOHOの存立基盤と労働世界
――必要なネットワーク支援――

鎌田　彰仁

1. はじめに

　IT革命の進展とネット経済化の進行とともに，SOHO（Small Office Home Office）という働き方，あるいはSOHOを選びとる生き方に対する関心が強まっている[1]。また，自分の働き方と生き方を一致させようとする若者の価値観や，雇用の将来に危機感を強めるサラリーマン・OLを中心に「手に職」ブームが広がっており，WebクリエイターやCGデザイナーといった職業に代表されるように，「デジタル先端技術で時流に乗る」キャリア志向も拡大している（上田，2001）。他方，企業や行政の側では，SOHOに業務をアウトソースして社外のノウハウ，ナレッジなどを有効に活用しながら，ビジネスプロセスの改善を推進したり，SOHOの拠点形成により地域産業の振興をはかろうとする傾向にある[2]。
　こうしてみると，SOHOという新しいワークスタイルの登場は，単に仕事のやり方が変わるというだけでなく，個人のライフスタイルや企業の雇用形態を変え，さらには産業組織や社会の構造まで大きく変革していく可能性を内在させている。

---

1)　東京都三鷹市の「SOHO CITY みたか」の実験に代表されるSOHOをターゲットにした地域産業振興の新展開であるとか（関幸子，2000），日本SOHO協会が2001年12月末，政府から財団法人の認可を受けたことなどは，SOHOの経済的意義とそれへの社会的関心の高さを象徴する事例といえよう（『日本経済新聞』2001年2月21日付け夕刊）。また，21兆円とも推定されているSOHO市場の規模に着目して，IT産業や出版社等からのマーケティング活動も盛んであり，これもSOHOへの社会的関心を高めることに機能している。
2)　たとえば社団法人日本テレワーク協会によるマイクロビジネス協議会の設立目的等を参照（http://www.japan-telework.or.jp/mb/aisatu.html）。

すでに，情報化の進行と企業経営のスリム化が，SOHOのような脱組織型のワークスタイル，あるいは組織に束縛されないライフスタイルを支持する客観的基盤を提供しはじめている．また，SOHOスタイルは派遣社員やフリーターと同様，専門的なスキルやノウハウを武器に就業構造の中に徐々にビルトインされてきており，「会社本位主義」を突き抜けた新たな就労価値観を内面化しはじめている．さらには，SOHOの登場により，雇用関係を前提に会社に限定されてきた「働く場」の意味は文明論的な転換を遂げようとしている．

　以下の小論では，財団法人生命保険文化センターによる「ワークスタイルの多様化と生活設計に関する調査」の結果をふまえて（以下では「ワークスタイル調査」と略記），個人もしくは小企業で事業等を行うSOHOを対象に，「個人が主役のビジネス社会」拡大の背景と存立の基盤，労働世界の特徴などが分析され，〈個人主義〉の社会的容器でもあるSOHOスタイルの現実と課題が説かれる[3]．

2. SOHOの定義と属性

2.1　SOHOの定義

　SOHOについて合意された定義はない．ここでは，SOHOとは，ソフトウエア開発や広告，企画などのクリエイティブ業務を中心に広がっている，IT（情報通信技術）を活用して自宅や小規模な事務所で事業活動を行っている独立自営型のワークスタイルのことであり，主にはクリエイター，フリーランサー，ベンチャー，有資格者，在宅ワーク等を対象とする，と定義しておこう[4]．SOHO増加の背景には，パソコンやインターネットなど情報通信技術の発展と同時に，大手企業におけるリストラとアウトソーシングの進展や雇用形態の変

---

[3] 財団法人生命保険文化センター「ワークスタイルの多様化と生活設計に関する調査」．調査は，2000年9月，株式会社社会調査研究所により，東京・名古屋・大阪に在住する「一般就労者」およびSOHOを含む「特定就労者」を対象に，一般就労者については調査員による訪問留め置き調査（ランダムウォーク）により，また特定就労者については指定条件適合サンプルを対象に郵送調査（郵送配布～郵送回収）により実施された．SOHOの抽出サンプル数は352サンプル，回収サンプル数は254サンプルである．調査結果の詳細については，財団法人生命保険文化センター『『ワークスタイルの多様化と生活設計に関する調査』報告書」を参照．

化，ライフスタイルの変容などが関係している．このため，ITベンチャーを目指す若者，大手企業などから独立した専門知識・専門技術を持つ社員，結婚や出産を契機として退職した女性，さらには定年退職した高齢者や障害者など，SOHOの担い手は多種多様である．

　こうした事情から，SOHO事業者のなかには，(1)ベンチャー企業を含む中小企業者が自宅や小さな事務所で開業している者だけでなく（狭義のSOHO事業者），(2)パートタイム労働の代わりに在宅でインターネットを介して仕事を行っている者であるとか（在宅ワーカー），(3)大企業の従業者で在宅勤務を行っている者など（テレワーカー），性格の異なる事業者等が混在している．また，女性や高齢者，障害者と結び付いたSOHOのイメージには，一人前のビジネスとしてではなく，在宅ワークやパソコンを使った家庭内職といった見方も少なくない．SOHOは，単に担い手の性格が多様であるだけでなく，専業・副業・内職など就業構造に占める位置に応じて，働き方（ワークスタイル）もまた多様化している．

　社団法人日本テレワーク協会によると，2000年の国内のSOHO人口は246万人で，5年後には1.8倍の445万人になると推計されている（日本テレワーク協会，2000）．また，三菱総合研究所によるアンケート調査によれば[5]，「実際にSOHOで仕事をしている人」が8.8％，「今は行っていないが，今後したいと考えている」人が33.9％，「今はしていないが，興味はある」人が57.3％となっている．この調査結果は，SOHOに関する関心の高さを反映していると同時に，パソコン・インターネット人口の増加を受け，今後SOHO型の就

---

4)　このようなカテゴリー化は，日本SOHO協会による「自宅や小規模な事業所で仕事をする独立自営型のワークスタイル」であり，「デジタルワーカーに限定するものではない」とする定義と理解に準拠している．ただし，生命保険文化センター「ワークスタイルの多様化と生活設計に関する調査」においては，脱組織型ワークスタイルの動向を広くとらえるため，「過去5年以内に独立開業した事業主（家業後継は除く）」「自宅やマンションなどを借りて仕事場にしている」「パソコンやインターネットなどを使って仕事をしている」及び「企業から専門的な仕事を依頼されて出向く」のいずれかに該当する男女個人を「SOHO事業者」とみなして調査の対象としているため，非デジタル系の職種もふくまれている．

5)　三菱総合研究所とNTT-Me情報流通により，1999年6月，2社が協同で運営するインターネット・アンケート・サイト「gooリサーチ」の一般参加型調査として実施された「SOHOに関するアンケート」調査（回収票数9121票）．調査の概要はhttp://www.goo.ne.jp/help/info/n_release/n_990819.htmlを参照．

業・事業を志向するSOHO予備軍人口の急増を予想させるものでもある．さらに，狭義のデジタルワーカーに限定せず，訪問介護や食事の宅配等を営む地域の小規模事業者やNPOを含めてマイクロビジネス（在宅・NPO系SOHO）としてとらえると，SOHOは地域に新たな雇用の場や就業の機会をもたらす方途としても期待される．

2.2 SOHOスタイルの属性

　はじめに，『ワークスタイル調査』によりとらえられたSOHO事業者等のプロフィールを紹介しておこう．調査結果によれば，男性が63.4％で過半数を占めているが女性も3割以上と少なくない．派遣社員やフリーターほどの比率ではないが，SOHOスタイルを選択している女性は実際にも少なくないようである．SOHO事業者等の平均年齢は42.8歳（全体38.9歳）と比較的高いにもかかわらず未婚者が2割弱を占めている．シングルが少なくない．学歴は大卒以上が29.5％（同32.9％）で全体平均をやや下回っているが，自営業の19.7％と比べると有意に高く，伝統的な自営業者のキャリアとは性格を異にしている．

　収入面をみると，本人年収は416万円（同468万円）と低く，夫婦合算しても777万円（同821万円）にとどまる．しかし，金融資産は1,367万円（同951万円）ときわめて高く，この金額は正規雇用者の753万円はもとより，熟年男性社員（1,344万円）の資産水準をも上回っており，自営業の1,780万円に次ぐ高い資産額である．SOHOが高い金融資産を保有している背景には脱サラによる退職一時金が大きく関係していると推察される．ともあれ，相対的に豊かな金融資産が収入面では劣るSOHOスタイルを支えている模様である．

　このように，SOHOというスタイルは年齢を考慮すると決して恵まれた収入とはいえないが，週平均の労働時間は44.1時間（同45.7時間）で，通勤時間も職住近接のため15.2分（同34.0分）ときわめて短い．雇用者と比べると，時間の面では比較的ゆとりが感じられる．また，「体が資本」とまでいわれる自営業の労働時間51.3時間と比較すると大幅に短く，伝統的な自営のワークスタイルとも一線を画している．

2.3 SOHO台頭の背景

　SOHOというスタイルが選びとられる背景には，ピラミッド型企業組織の見直しや情報ネットワークの拡大という客観的要因にくわえて，能力に応じた自由な働き方を追求する女性や高齢者のライフスタイルの広がりであるとか，自分に適した生活をデザインしながら仕事をしたいとする，若い世代を中心にした生活価値観の変化などが関係している．すなわち，組織を離れても自立していける人生を支える方途として，あるいは会社に拘束されない自由なキャリア・アップの可能性を追求する手段として，SOHOを主体的に選択する人びとが増えている．したがって，SOHOスタイルは，経済構造の変化や情報化の所産であるだけでなく，人生を「企て（プロジェクト）」の対象とみなし，自分の可能性に挑戦する人びとによる「生活革命」の帰結でもある[6]．

　もちろん，事業を営む以上は所得に対する関心はある．しかし，所得の手段としてSOHOを選択する人びとは少なく，所得は自己の労働や能力に対する社会的評価の客観的指標として受け止められている．新規創業者を対象にした日本商工会議所の調査によると（日本商工会議所，1997, pp. 15-16），事業収入だけで家計を賄えるとの回答は68.5％にとどまり，賄えないと回答した事業者の44.3％は配偶者等家族の収入に依存している．経済的安定を多少犠牲にしても，精神的自由を求めて独立自営の道をあえて選び取るところに，豊かな社会における新規開業の特色を見てとることができる．古典的経済問題（失業による貧困の恐怖）から解放されているわけでは決してないが，意識に占める

---

[6]　アメリカの1980年代後半から90年代は，鉄鋼，自動車産業を中心とする産業空洞化に対応して大企業のリストラとレイオフが続く一方，「自分の雇用は自分で守る」という流れが新たに生まれ，スモールビジネスやSOHO型起業による雇用創出が活発化した時代でもある．こうして急増した起業家たちは，当時，自由を象徴するカジュアルなファッション（スウェット・スーツやアスレチック・シューズ，ジーンズなど）に着目して，ブルーカラー，ホワイトカラー，グレーカラーに次ぐ「第4の労働勢力」，「オープンカラー・ワーカー（open-collar-workers）」とも呼ばれた．起業家たちに象徴される自由とは，「生活と仕事を両立させる新しい機会」の探求であり，新しい自営のスタイルとされる「ワーキング・フロム・ホーム（working from home）」の追求である．これが，こんにちいうところのSOHOの先行形態である．詳しくくは，Bridges（1994），Edwards and Edwards（1994）などを参照．また，田村（1992）はSOHOをアメリカ社会の構造変化との関連でとらえており参考になる．サッチャー政権下でのイギリスの雇用問題と自営業創出の事情についてはRobertson（1985）が詳しく論じている．鎌田（1998）は以上の変化と流れをふまえて日本の開業・起業活動の動向を整理分析したものである．

「経済」の比重（＝切実度）は低下しており，問題の深刻さも薄らいでいる．創業者におけるこうした所得の意味変容が，生計から自由な開業を可能にし，開業動機を社会学化している．

　開業動機の社会学化は，所得水準の上昇によるだけでなく，個人のキャリアが所得の源泉となることにも起因している．すなわち，仕事を媒介にして獲得した専門的な知識や技術，ノウハウ，あるいはノウフーといった，いわば会社に帰属するハードの設備機械ではなく，個人と一体化したソフトな資源がそのまま経営資源に変換できる情報経済化が生活革命を支持する客観的基盤となり，ソフトな資源の属人的性格が脱組織化を誘発する心理的要因となっている．また，ピラミッド型企業組織の見直しや情報ネットワークの拡大にくわえて，消費の成熟化による市場の細分化がそれを支持する客観的基盤を拡大している．こうして，SOHOを含むサービス産業を中心にして，「小さな市場に適所を開く」マイクロビジネスが誕生してくる．

3. SOHOスタイルの存立基盤

3.1　SOHOスタイル：デジタル産業革命の象徴

　まず，SOHOスタイルの具体的な事例を紹介しよう（日本商工会議所，1998，p.61）．M社は，東京圏に立地する女性だけのデザイン会社で，Webページの制作やパンフレット，会社案内など広告宣伝物の企画制作を主な業務としている．マンションをオフィス代わりに，パソコンなどの情報機器を設置して業務を行っており，典型的なSOHOスタイルの企業である．社長のYさんは30歳代前半の女性で，専門学校を卒業後，英文秘書として4年間，大手広告宣伝会社の契約社員として働いていた．社員当時，ワープロ・パソコンの基礎知識や，パソコン通信の利用法，顧客ニーズへの対応などについて学ぶ一方，在宅勤務のワークスタイルを経験する．20歳代の後半に同社を退職後，フリーとなって数年間活動したのち，現在のM社を創業する．

　同社の事業内容は，クリエイティブ部門とオフィスサポート部門の2部門から構成されている．クリエイティブ部門は，Webページや広告，パンフレット，会社案内などの制作を中心に，デザイン，イラスト，トレース，画像処理

などの細ごまとした仕事も受注している．一方のオフィスサポート部門は，プレゼンテーション資料の制作から，データベースの構築・運用，データエントリー，ビジネス文書の作成などを請け負っている．いずれの部門もパソコン上の業務である．業務の中核を担う社内スタッフは10人．その内訳は，デザイナー3人，オペレーター2人，編集スタッフ2人，インターネット担当1人に，社長と事務員である．しかし，常駐スタッフは社長と事務員の2人だけで，そのほかのスタッフはワークシェアリング方式により，2人がチームを組んで，交代制で出社する．同社には，このほか，ネットワークスタッフとよばれる社外スタッフが60人ほど登録されている．これらには，コピーライターやカメラマン，デザイナーなどの専門スタッフから，入力作業を行うオペレーターなどの在宅スタッフまで含まれており，その職種は幅広い．同社では，受注したタスクごとに，社内外のスタッフでチームを組み，プロジェクトをこなしていく．

このビジネスプロセスを支えているのがイントラネットであり，これにより，(1)社内スタッフとの情報の共有（オフィスにそろう時間が少ないスタッフ間の連絡手段）と，(2)社外スタッフへの情報の伝達（仕事の依頼や連絡業務を掲示板で一元的に管理），さらには(3)カスタマーサポート（簡単な連絡事項などを電子メールに代えて業務の効率化を推進）まで含めて，社内外のコミュニケーションが加速され，業務の迅速化・効率化がはかられ，ビジネスに求められるクイックレスポンスが達成されている．同社は，ワークシェアリングのような斬新な就業形態の導入を含めて，業務内容，ビジネスモデル，情報システムのどれをとっても，デジタル産業革命を象徴する先進性をそなえている．女性社員10人・常駐スタッフ2人の域を大きく越えたマイクロ企業といえよう．

3.2 SOHOの存立分野：業種と職種

ところで，SOHOの業種別構成をみると，サービス業が23.2%でもっとも多く，次いで卸売・小売業・飲食店16.1%，建設業12.2%となっている．デジタル系の業種だけでなく，伝統的な業種でもデジタル系スキルを活用して業務の効率化を推進したり，新たな業態を開発する動きも少なくない．しかし，SOHOには既存の業種に分類できない「その他の業種（22.4%）」が多く含ま

れている．既存の市場だけではなく，専門知識・専門技能を活かせるニッチ市場の存在がSOHOに事業機会を提供しているようである．

また，これまでは主婦の在宅ワーク（主に内職）がSOHOの主流とされてきた．それが最近では，情報技術（IT），デザイン，翻訳，コンサルティングなどの専門知識・専門技能を活かし，組織を離れて自己実現を目指す専門特化型の新しい担い手が増えている．SOHOの職種別構成をみても，経営者・事業主37.4％（同7.1％）と専門職31.5％（同23.5％）に二分されており，専門職の比率が全体の3分の1を占めている．主婦の在宅ワークだけでなく，インディペンデント・コントラクター（企業等の専門職的業務を雇用契約ではなく業務委託の形で，主に自営業の立場で請け負う就業形態）や専門職型人材派遣など，企業の枠組みから自由な脱組織型のワークスタイルがSOHOという名で台頭してきた．

ちなみに，SOHOを雇用形態別にみると，自営業主と家族従事者を合わせて68.1％，自由業11.8％で，両者で約8割に達する．独立自営とフリーランサーがSOHOスタイルの中心である．事例1に示されているように，すでにネットビジネスの現場では雇用の形態が根本的に変化してきており，ゲーム制作者やシステムエンジニア，プログラマーなどの有能な人材は争奪戦の様相を呈している．雇用構造の変化や就業形態の多様化を背景に，企業を飛び出して独立し，案件ごとに仕事を請け負うフリーランス（自由契約）の流れも強まっている．

事例1：「ネットビジネスの現場では，雇用の形態が根っこから変化を始めている．ゲーム制作者，システムエンジニアやプログラマーなどの有能な人材は争奪戦の様相で，企業を飛び出して独立し，案件ごとに仕事を請け負うフリーランス（自由契約）が自然の流れになってきた．そんなフリーランサーと企業の橋渡し役を果たすのが，クリーク・アンド・リバー社（本社・東京都港区）だ．『新しいビジネスを始めるので，こんな人がほしい』といった申し込みは1カ月で約1,500件．取引先には，ソニー，松下電器産業，NTTデータ，セガ・エンタープライゼスなどネット関連企業が並ぶ．フリーの映像ディレクターだった井川幸広社長が，スタッフの事務管理を一括代行する会社として

1990年設立した．ここ1～2年，ネット関連の需要急増に伴ってフリーランサーも増え，1万2,000人の人材を抱える．うち5％が年収3000万円超だ．強味は，フリーランサーを組織化し，案件ごとにチーム編成できることだ．また，個人の契約，税務処理，社会保険業務などを代行，来春までに著作権管理や年金事務にも乗り出す．井川社長は『企業活動もネット中心にシフトし，働き方も確実に変わっていく．組織に属さないクリエイターの生涯価値を高める手助けをしたい』と語る」（『毎日新聞』ニュース速報，2000年4月15日付け）．

3.3 SOHOの存立基盤：仕事のネットワーク

　大企業の経営改革を背景に業務のアウトソーシングが進行しており，これがSOHOに新たな事業機会を提供する一方，ITの進化が専門特化型のSOHOにも受注のチャンスを拡大している．こうしたビジネスシステムの構造的な変化を要因に，専門性をもつ人材が企業を退職してSOHOに入るケースが増加している．これに対応して，企業がSOHOに業務を委託して個人の専門性を活用する傾向も出てきている．個人と企業が「ジョブ・ベース」で結び付く取引関係が形成されつつあり，このような「仕事のネットワーク（社会的分業構造）」そのものが情報・通信基盤の整備と並んでSOHOスタイルの存立基盤となっている．

　しかし，仕事のネットワークの内面についてみると，企業がSOHOに業務を委託する場合は，まず仲介業者（業務請負会社）に依頼し，仲介業者がSOHOに発注するケースが多い．すなわち，仲介業者が窓口になって企業から仕事を受注し，業務に適したSOHOを選んで仕事を割り振る．仲介業者は，受注先の依頼に基づき生産物の仕様や制作工程などを企画し，必要な場合にはSOHOを含む複数の企業とプロジェクトチームを編成しながら，SOHO等に仕事を割り振っていく．SOHO等は，仲介業者の依頼に基づき専門的技術を駆使して生産物を制作する（事例2）．

事例2：「マルチメディア関連のコンテンツ（情報の内容）を制作するエイ・アンド・ジー（A＆G，東京，光藤公久社長）は小規模事務所で仕事をするSOHOを一括管理し，企業から業務を請け負うサービスをちかく始める．コン

テンツ制作業務が中心で，SOHO が契約を履行できなくなった場合，業務を肩代わりし，信頼性確保を目指すのが特徴．SOHO 50 社，500 人の規模で始め，1 年後をめどに 100 社，3000 人に増やす計画．新サービスは『SOHO コラボレーションビジネス』．A＆G が窓口になって企業から仕事を受注し，業務に適した SOHO を選んで仕事を割り振る．契約金額の 15〜40％ を仲介手数料として徴収する．A＆G は来年 7 月までに 2 億円の売り上げを見込む．SOHO のなかには業務を請け負ったものの，途中で仕事ができなくなるケースがある．このため A＆G は自社内にコンテンツ制作やデザイン設計などが専門の社員 6 人で作る『危機管理部門』を設置．SOHO が仕事を途中でやめても契約不履行にならないように業務を肩代わりする．2001 年には SOHO 人口が 300 万人弱になるとの見方もある．大企業でも SOHO の技術力を利用してアウトソーシングを進める動きがあるが，詳しい情報がない上，仕事に対する信用が低い．SOHO も一社では営業力が乏しく『良い技術を持っていてもビジネスに結びつきにくい』（光藤社長）という．A＆G はリクルートから独立した光藤社長が 1994 年に設立．マルチメディアコンテンツ制作などを手掛ける．2000 年 3 月期の売上高は 5 億円の見込み」（『日本経済新聞』1997 年 7 月 7 日付け朝刊）．

　こうした仕事のネットワーク構造のゆえに，SOHO 事業者等が希望する仕事を得るためには，まず希望に合った仕事を仲介できる業者をみつける必要がある．しかし，SOHO が仲介業者をみつけようとしても，効率的に仲介業者の情報を収集できる仕組みがまだ十分に確立していないため，現状では知人友人からの紹介などに頼ることが少なくない．すなわち，SOHO 事業者等と発注企業を仲介する回路（仕事のネットワーク）は SOHO 事業者相互の顔のみえる「横のつながり」に大きく依存している．発注企業が中小企業である場合には，企業が SOHO 事業者等に直接発注するケースもあるが，その場合でも，面識のあるキー SOHO を 2〜3 人選び，品質や納期の管理をさせることで，面識のない SOHO にも発注している事例が少なくない（詳しくは，国民生活金融公庫総合研究所（2001），および長坂（2000）を参照）．SOHO といえども，オンラインですべてが完結するわけではなく，特に営業はオフラインでの人間関係に依存するところが小さくない．

3.4 SOHOの業務内容：専門化高度化

SOHOの業務内容は，SOHO事業者が実際に受注した業務で見ると，代表的な業務である「ワープロ，データ入力，文章の校正」をはじめ「ホームページ作成」「デザイン」「執筆・編集」「設計」「プログラム開発」など，きわめて多様である．このほか，「翻訳」や女性を中心にした「コンサルタント，調査・分析，マーケティング」業務などもみられる．表計算・ワープロソフトの入力業務だけでなく，プログラマー，エディター，デザイナー，イラストレーター，建築設計士など，専門知識・専門技能を求められる業務も少なくない．SOHOの業務分野が拡大してきている．

しかも，現状ではソフトウエア開発や製品設計などの高度なスキルを持つ人びとに仕事が集中する傾向にあり，在宅ワーカー（内職型SOHO）を中心とする，表計算・ワープロソフトなら使えるというレベルの初級者には仕事の量が少ない．パソコンを買えば仕事ができるといった，安易な「在宅ワーク・ブーム」は終息に向かっており，いまは専門度の高いプロと，単純作業を請け負う主婦層との二極化が進んでいる．すなわち，SOHO業務の専門化高度化と受注機会の二極化が進んでいる．このため，急速に拡大したSOHO市場も一部の業務分野を除いては，受注単価の切り下げや受注機会の減少により需給調整がはかられており，技能レベルが低くプロ意識の希薄なSOHOの淘汰が進んでいる．

反面，大手企業を中心とした経営改革を背景に業務のアウトソーシングが進行しており，またIT革命の進展も要因にくわわり，専門特化型のSOHOには受注のチャンスが増加している．SOHOはインターネットなどITの発展を契機に登場した新たなビジネススタイルであったが，IT革命の急速な進行によりSOHO業務の専門化高度化が要請され，これが専門特化型のSOHOには追い風となっている（事例3）．

事例3：「企業によるアウトソーシング（業務の外部委託）の活発化と通信技術の発達を背景に，プロ志向を強めるSOHOたち．単なる下請けにとどまらない新勢力をつくる動きも広がっている．『今まで人を抱え込んでいた大企業が仕事を生み出せなくなり，企業内に人材があふれている』．SOHOワーカー

4人が集まる企画会社ネクステージ・システム（東京都渋谷区）の藤倉潤一郎社長はこう指摘する．SOHO のネットワークが今後，柔軟性に欠ける大企業に代わる新勢力になるとみる．大学卒業以来 SOHO として事業を続けてきた藤倉氏は 1997 年，SOHO 同士の連携を可能にする異業種連合『全国デジタル・オープン・ネットワーク事業協同組合（ディーワン）』を設立．個人事業主や一人（少数）株式会社，個人ワーカーを組織化したエージェント（代理業者）など 96 社が加盟した．業種は IT 関連やデザイナー，印刷，コンサルティングなど多岐にわたる．組合員の連携で画期的な新ビジネスを開拓．購買や金融，教育などの共同事業で企業並みのスケールメリットを生み出していくことがディーワンの狙いだ．『大企業が担っていた仕事をこなすには一人では無理．SOHO 同士がつながる必要がある』と藤倉氏は言う．藤倉氏は組合員の新規事業開発を支援する『ユニット制度』」を利用して，『PtoP（ピア・ツー・ピア）を使ったグループウエアや分散コンピューティング技術』の開発を目指している．ビジネス向けの PtoP 技術は決定打が生まれていないだけにチャンスも大きい．『SOHO 発の新産業』を掲げ，開発を急ピッチで進めている」（『日経産業新聞』2002 年 2 月 5 日付け）．

3.5　SOHO の存立要件：スキルとタレント

　ところで，SOHO というと，当然のことであるが，デジタル系スキルとの関係がよく強調される．たしかに，パソコンの操作技術や Web の制作技術は SOHO の存立条件であり，成長市場に参入するのに必要な基本スキルといえよう．印刷業界における写植オペレーターから DTP オペレーターへの転換であるとか，地図の制作がデジタルマップ化により描く作業からデータ入力へと変化していることからも知れるように，デジタル系スキルは SOHO の支持基盤を形成するのはもとより，ものづくりから知的サービス産業にまでいたる産業横断的な基盤技術にもなってきている．

　しかし，SOHO ＝デジタル系スキルであるわけでは必ずしもない．SOHO 業務の専門化高度化と受注機会の二極化が示唆しているのは，パソコンが使えるとか，ホームページが作成できるとかだけでは存立の範囲は狭隘化してきており，SOHO として存立していくのには何かひとつ「才能」が求められている，

ということにほかならない．デジタルクリエーターを例にすれば，「コンピュータは確かに基本技術修得の合理化を行い，ソフトや加工しやすい素材データ，フォーマットの充実で作品は作りやすくなっている．しかし，クリエイティブの世界の基本は独創性や芸術性であり，個人としての感覚，才能に基づく」ことに変わりはない．すなわち，ごくあたりまえのことであるが，デジタル産業革命の時代にあっても「道具以前のアナログとしての絵を描く力，デッサン力，デッサンのもとになる観察力，色彩の感性が重要」なのである（上田, 2002, p. 13）．

この意味での才能，すなわちSOHO事業者の感性や美意識，観察力などはデジタル系スキルの対極に位置するものである．それは，究極はアートへと収斂していくようなアナログ系タレントとでも呼ぶべきものである．SOHOというスタイルは，こうした〈タレント〉しだいで個人が直接市場に自分を売り込むことができる新たな文明装置であるが，デジタル系スキルはその装置を操る手業にすぎない．文化的素養を欠いたスキルだけではSOHOの存立にも限界が画されつつある．

4. SOHOの労働世界

4.1 キャリア形成とワークスタイルの自己評価

SOHO事業者等（平均42.8歳）のキャリア形成に関連する基本データを整理すると表3.1のごとくとなる．学校卒業後22.9歳で初職に就き，その後12年余の勤続を経て35.4歳で現在の事業を起こしたか，あるいは就業スタイルを選択し，こんにちまでの業歴（職歴）は7.4年を数える．年代的には，バブル崩壊の直後にワークスタイルの転換をはかったり，SOHOスタイルの選択を決断している．職業移動の面でみると，SOHOには転職経験者が79.9％（同50.5％）ときわめて多く，また直前職の退職理由としては「自発的理由」が83.3％（同87.6％）と大半を占めており，特に「事業を起こす（継ぐ）」が26.1％（同9.0％）に達している．

また，独立直前の会社勤務と比べての変化を整理すると図3.1のごとくとなる．SOHOとして独立したことで，「収入・所得」面を除くと，「能力・技能を

表3.1 キャリア形成の指標

年齢	42.8歳（38.9歳）
学卒後の就業年数	19.9年（16.4年）
現会社の勤続年数	7.4年（11.2年）
初職	22.9歳（22.5歳）
現会社	35.4歳（27.7歳）
転職経験（有り）	79.9%（50.5%）
直前職の退職理由（自発的）	83.3%（87.6%）

(注) カッコ内は一般就労者調査の全体結果.
(出所) 生命保険文化センター「ワークスタイルの多様化と生活設計に関する調査」2000年.

図3.1 直前の会社と比べた変化（「改善した」割合）

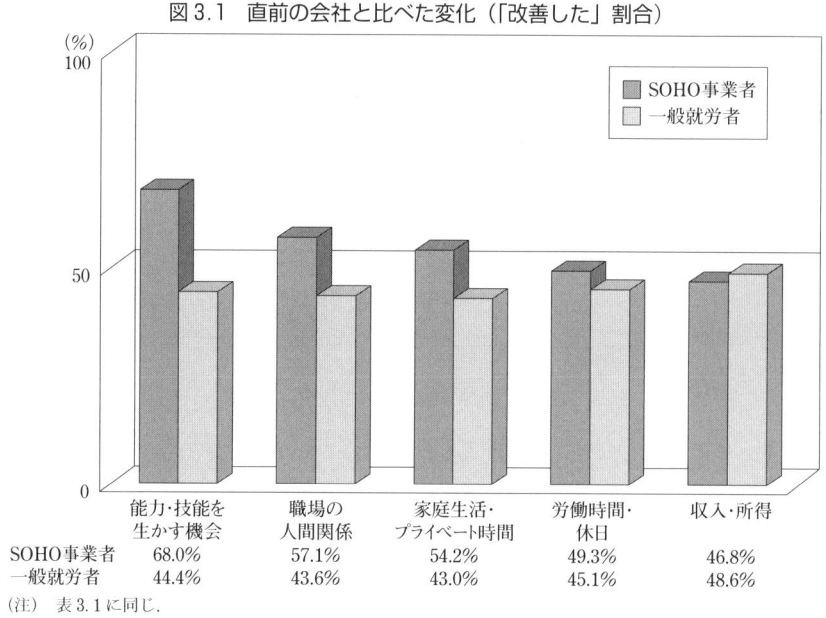

	能力・技能を生かす機会	職場の人間関係	家庭生活・プライベート時間	労働時間・休日	収入・所得
SOHO事業者	68.0%	57.1%	54.2%	49.3%	46.8%
一般就労者	44.4%	43.6%	43.0%	45.1%	48.6%

(注) 表3.1に同じ.
(出所) 生命保険文化センター「ワークスタイルの多様化と生活設計に関する調査」2000年.

活かす機会」をはじめとして「職場の人間関係」「家庭生活・プライベート時間」「労働時間・休日」のどれも，全体と比較して「改善した」とするものが多くを占めている．とくに「自分の資格や能力，技能を活かす機会」が改善されたとする回答が約7割に達しているが，これは独立自営が個人の能力・技能を涵養する社会的容器であり，SOHOスタイルは21世紀の電脳職人に適合した文明装置であることを示唆している．

さらに、「現在の仕事は自分に向いている」とするものが79.5％（同63.6％）、「今の仕事を続けたい」とするものが80.3％（同57.9％）にも達しており、勤労者全般と比べると、適職意識の高さと継続就業への意向が広く認められる．ちなみに、転職経験者の割合が高いSOHOスタイルではあるが、今後「転職したい」と回答したものは5.5％（同26.3％）に止まる．したがって、現在の就業状態に対する評価も「満足」とするものが61.8％（同48.6％）を占めており、とくに「能力発揮の機会」や「勤務形態」「人的ネットワークの広がり」などを中心に、SOHOという独立自営のワークスタイルが肯定的に評価されている．

4.2 SOHOの就労価値観：専門追求志向と能力至上志向

このように、SOHOスタイルに対する自己評価はきわめて高い．この自己評価を支えているのは「専門追求志向」と「能力至上志向」の就労価値観である．SOHOスタイルを選択した人びとの多くは、専門的な職業能力を高めて専門的な知識・技能の発揮できる仕事に就くこと、仮にその仕事の社会的評価が低かったり、困難を伴うものであっても、自分がやりたい仕事ならば引き受ける、とする意識が強くみられる．仕事の専門性と主観的意義（自己納得性）を重視する就労意識である．SOHOスタイルの主体的基盤を形成しているのは、こうした就労意識を束ねた「専門追求志向」とでもいうべき価値観である（図3.2）．

もうひとつは、能力主義を志向し、能力に応じて処遇も差別化すべきであるとする意識であり、そうした能力や業績を重視する企業への転職や、自分の能力を活かして独立を志向する意識である．すなわち、能力主義を自分にとってのチャンスと評価する一方、能力の違う者を同じように処遇するのは不平等と考え、たとえ仕事に不満がなくとも条件しだいでは転職・独立も辞さないとする意識である．この就労意識の束は、能力をキーワードとする「能力至上志向」とでもいえる価値観である（図3.3）．これは、バブル経済の崩壊と日本的経営の変容を背景に広がってきた新しい価値観であり、「組織と忠誠」という集団本位の価値観ではなく「職務と能力」に焦点が合わされた個人本位の価値観である．

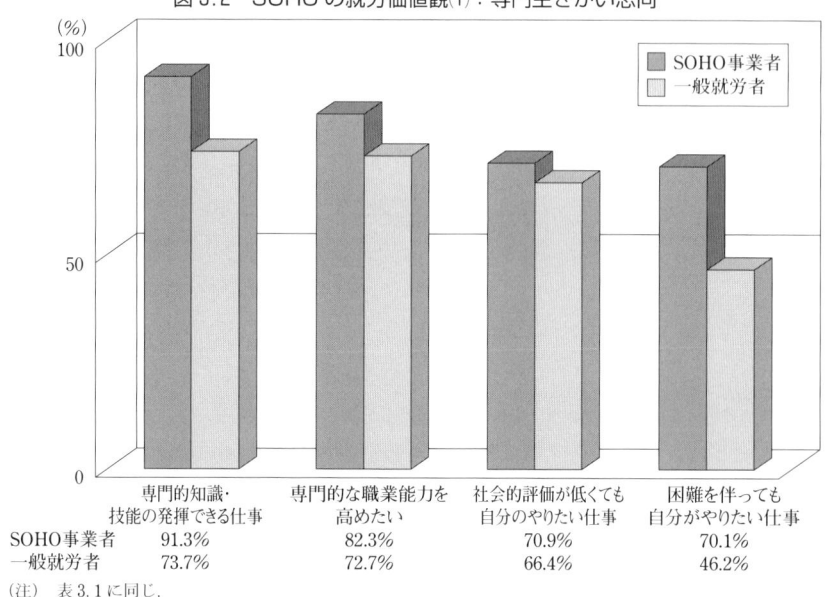

図 3.2　SOHO の就労価値観(1)：専門生きがい志向

	専門的知識・技能の発揮できる仕事	専門的な職業能力を高めたい	社会的評価が低くても自分のやりたい仕事	困難を伴っても自分がやりたい仕事
SOHO事業者	91.3%	82.3%	70.9%	70.1%
一般就労者	73.7%	72.7%	66.4%	46.2%

(注)　表 3.1 に同じ．
(出所)　生命保険文化センター「ワークスタイルの多様化と生活設計に関する調査」2000 年．

　このように，「専門」と「能力」をキーワードとする就労価値観が SOHO スタイルの主体的基盤を形成している．この SOHO 型の就労価値観が暗示しているのは，ポスト・バブル期における就社から就職への職業意識の変化であり，帰属（組織志向）から遂行（職務志向）へのキャリア意識の転換である．すなわち，「ジョブ・ベース」の労働世界のなかで醸成されてきた新たな就労価値観の台頭である（竹中，2001）．言葉を換えていえば，SOHO のワークスタイルと就労価値観は，硬直したピラミッド型の企業組織が希薄化空洞化し，個人のエンプロイアビリティ（企業の枠を越えてどこでも通用する専門的な能力）が問われる時代の到来を示唆している．

4.3　ワークスタイル革命の予兆

　産業革命以前は家内工業が中心であり，家庭と職場は未分離のまま，職人が家（居職）や小屋（出職）で仕事をしていた．産業革命以降 19 世紀，20 世紀

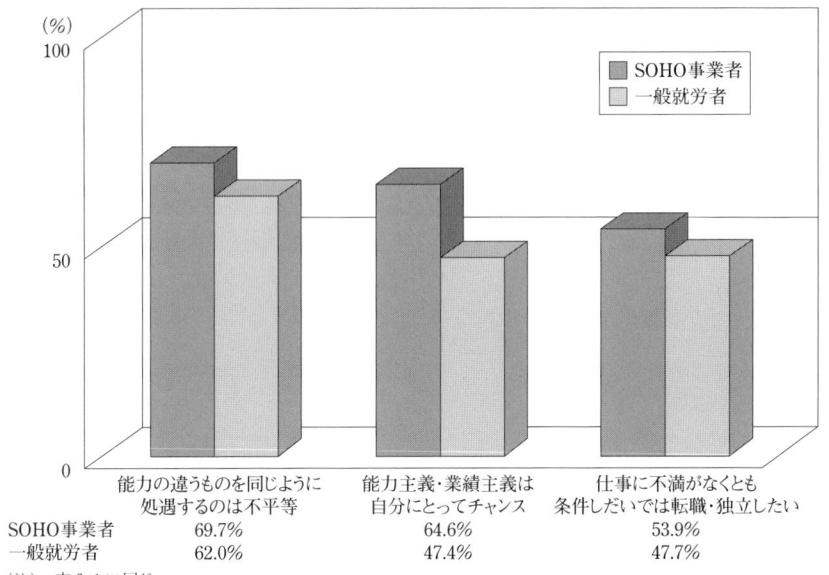

図3.3 SOHOの就労価値観(2)：能力至上志向

	能力の違うものを同じように処遇するのは不平等	能力主義・業績主義は自分にとってチャンス	仕事に不満がなくとも条件しだいでは転職・独立したい
SOHO事業者	69.7%	64.6%	53.9%
一般就労者	62.0%	47.4%	47.7%

(注) 表3.1に同じ．
(出所) 生命保険文化センター「ワークスタイルの多様化と生活設計に関する調査」2000年．

になると，資本主義的生産の発展につれて工場制手工業から機械制大工業へと変化し，これに伴い家庭と職場は空間的に分離され，仕事は工場や事務所の中に組織化され，ブルーカラーやホワイトカラーといった新たな労働勢力が形成された．さらに，20世紀後半，トフラー（A. Toffler）のいうところの「第3の波」の到来とともに（Toffler, 1980），ブルーカラーでもなくホワイトカラーでもない，「ナレッジ（知識）」ワーカーが台頭し，電子コテージ（SOHO）やモバイルオフィスを仕事の場とするようになってきた．

このように，歴史的にみると，工場や事務所において集団で展開するビジネス分野が縮減してきており，「働く場」の構造が「集団から個人へ」，「会社から家庭へ」と地殻変動を起こしている．企業がリストラやアウトソーシングにより経営のスリム化を追求する一方で，集団・会社から離脱・浮遊した個人を生かした形の新しい働き方を生み出しつつあるのが，インターネットの広がりであり，SOHOのワークスタイルである．垂直統合的な集権的システムからス

ピン・オフして，自らの情報や自己形成的な専門知識・専門技術などの知的資産を直接市場に展開し，SOHO として創業・操業することを選択する人びとがふえてきている．

社会を動かす基軸原理がハードからソフトに転換し，知識や情報をシステムへと変換するナレッジ・ワーカーの台頭を背景に，個人が独立的に事業を営む業務委託労働の広がりが露出度を強めてきた．SOHO をそのような歴史的パースペクティブからとらえ直してみると，働くとは企業に雇用され，会社に勤めることであるとする社会常識は相対化され，雇用関係を前提としたキャリア形成の歴史性が意識化される．SOHO の労働世界にみられる，SOHO スタイルへの高い自己評価であるとか，専門生きがい志向と能力至上志向を内面化した新しい就労価値観の誕生は，大企業のダウンサイジングとデジタル産業革命を震源とする地殻変動（ワークスタイル革命）の予兆にほかならない．

5. SOHO と産業コミュニティ

5.1 個業としての SOHO スタイル：個人主義の社会的容器[7]

SOHO の業種や事業内容は多様であるが，共通するのは知識ベースのビジネスが主流であり，「ナレッジ（知識）」ワーカーを担い手としていることにある[8]．産業構造の情報経済化により，情報を共有し創造する知識労働が価値支配的なものとなるにつれて，企業の知識資源が職種と能力に応じてワーカーへと分解され，属人的資源として個人に刷り込まれていく．こうして個人に内在化された知識を経営資源に，SOHO スタイルのビジネスやマイクロ企業が誕生する一方，社会参加の意欲が旺盛な主婦や高齢者，障害者などが自己実現の手段として SOHO を選択しはじめている．

他方，消費の成熟化は，小規模企業に適合したニッチ市場を生み出し，柔軟性と機動力で比較優位に立つ小規模組織の存立分野を拡大する．くわえて，ネットワーク型の企業形態は，技量のある個人を束ねることで規模の零細性を一

---

7) 以下は鎌田（1998），pp. 56-58 に一部加筆したものである．
8) この点を SOHO ワーカーにそくして論じた Garrity（1997）は，SOHO ビジネスの概説書としてはもちろん，SOHO 社会学入門書としても参考となる．

定回収できることから，SOHO のような小企業や個人ビジネスの存立基盤をより拡大する．しかも，人材の拡散化や技能の空洞化により，「個人の力量に依存する仕事は，個人もしくは小企業の形態でしか残らなくなる」可能性も強まっている（浅井，1993）．このため，企業経営におけるリストラクチャリングとアウトソーシングの流れに対応して，組織された雇用労働が職種と市価に応じて個人に切り分けられ，雇用の流動化を前提にした就業構造への転換が進行するにしたがい，SOHO に代表される働き方，あるいは SOHO を選びとる生き方に対する関心がより強まってくるであろう．

すでに，個人商店や町工場など伝統的な商工自営業が減少の傾向をたどっている一方で，市場構造の変化と新たな存立条件に対応した知識ベースのビジネス，すなわち SOHO に代表されるような「新しい自営業」が台頭してきている．経営類型としてみた新しい自営業は，旧来の自営業とは異なり，親子世襲型でもなければ，夫婦共同型でもない．SOHO 型の新しい自営業は，ワーカー個人によるワークスタイルの主体的な選択の帰結であり，自己実現を追求するライフスタイルの所産である．

もちろん，ビジネスの遂行に家族の理解や夫婦の協力は依然として不可欠である．しかし，SOHO スタイルの単位となるのは，親子や夫婦のような集合体（家族共同体）ではなく個人であり，個人の知識や技術がビジネスのリソース・コアとなる．したがって，SOHO に代表される新しい自営業は，家業ではなく個業であり，文字通り，「自身の労働」として営まれるマイクロビジネスにほかならない．そして，この流れは雇用帝国の外側にある，狭義には日本型雇用慣行の柵外にある〈もうひとつ〉の働き方，あるいは生き方でもある，〈自営業〉再評価の流れとも重なってくる[9]．

5.2 SOHO 発展の集合的基盤：産業コミュニティの形成

これまで述べてきたことをふまえて，SOHO は「個人が主役のビジネス社会」に適合した〈個人主義〉の社会的容器と定義することができよう．しかし，SOHO をそのように定義することは，直ちに個人主義の対極にある集合主義と

---

[9] 自営業や小規模企業の再評価については佐藤（1996）および加藤（2000）などを参照．

SOHOが矛盾する関係にあるとか，相互に排他的で対立するものであると主張するものではない．むしろ，SOHOが抱える資金調達力や営業力の不足，休業補償の問題であるとか，IT革命（技術革新）に対応していくためのスキルアップ（能力開発），事業の高度化やその展開力の強化などの課題を克服していくには，「SOHO同士が，自立と連帯の立場にたって，個々の能力を相互接続し，これを最大限に発揮するためのオープン・ネットワークを広げていく」ことが重要となる（日本SOHO協会，2000）．

ここでいう〈オープン・ネットワーク〉とは，SOHOという個人主義のワークスタイル，あるいはライフスタイルを支える集合的基盤となるものであり，個人が主役のビジネス社会に適合した連結型の産業組織，すなわち情報経済化に対応した〈産業コミュニティ〉にほかならない．この新たな共同体の本質は，利益社会と共同社会の両立を支えるボランタリィ・コラボレーション（Voluntary Collaboration），すなわち集合体による自発的協働のエトスと互酬の関係にほかならない．地域産業集積の内面には「小さな企業世界における個人主義と集合主義の併立」という競争的共生の関係が構造化されており，それが自立と連帯，競争と協調のメカニズムとして機能していることが，すでに稲上毅により指摘されている[10]．

SOHO関連団体がどれだけ〈個人主義と集合主義の併立〉という構造を内面化しているか，また今後構築していけるか．これが，SOHOビジネスがより魅力的で多彩なものになり，発展していくための条件であり，「SOHO社会」（日本SOHO協会）実現に向けての「場」の在り方にも関わる政策論上の課題でもある．この意味で，組織から個人へという個別化の先に成立する再集合化への契機，すなわちSOHO発展の集合的基盤としての新たな産業コミュニティの形成が期待される．

---

[10] 稲上（1999），p.197．稲上毅により抽出された〈個人主義と集合主義〉の主題は，「戦後日本における産業共同体の再発見」を主題として成立した日本の産業・労働社会学の伝統の延長線上に位置する一方，ニスベット（R. A. Nisbet）の主張する社会学的伝統における「共同体の再発見（rediscovery of community）」のテーマにも連なる広がりを有している（詳しくは，鎌田（1995），pp.214-215，p.236を参照）．

参考文献

Bridges, W. (1994), *Jobshift : How to Prosper in a Workplace Without Jobs*, Perseus Publishing（岡本豊訳（1995）『ジョブシフト』徳間書店）.
Edwards, Paul and Sarah Edwards (1994), *Working From Home*, G. P. Putmans Sons, New York.
Garrity, Roberte E., 石川玲子訳（1997），『SOHO―次世代ワークスタイルの考え方と実践』オライリー・ジャパン.
Robertson, James (1985), *Future Work : jobs, self-employment, and leisure after the industrial age*, Gower（小池和子訳（1985），『未来の仕事』勁草書房）.
Toffler, A. (1980), *The Third Wave*, Bantam Books（鈴木健次・桜井元他訳（1980），『第三の波』日本放送出版協会）.
浅井利勝（1993），「在宅でできる仕事：電算写植入門(1)」『結（YUI）』第1号.
稲上毅（1999），「小さな企業のなかの個人主義と集合主義」稲上毅・八幡茂美編『中小企業の競争力基盤と人的資源』文眞堂.
上田信一郎（2001），『現代「手に職」ガイド』実業之日本社.
加藤敏春（2000），『マイクロビジネス―すべては個人の情熱から始まる』講談社（講談社＋α新書）.
鎌田彰仁（1995），「技術革新と経営：中小企業の構造と変化」北川隆吉監修『新版社会学―現代日本社会の研究・上』文化書房博文社.
鎌田彰仁（1998），「中小企業の開業と新しい自営業―労働＝起業新時代の社会学的分析」金谷貞夫編『エレメンタル中小企業（新版）』英創社.
国民生活金融公庫総合研究所（2001），「急増する情報系マイクロビジネスの実態」『国民生活金融公庫調査月報』2001-4（No. 480）.
佐藤博樹（1996），「いま，なぜ自営業か？」『Works自営業の復権』No. 34, 1996. 6-7.
関幸子（2000），「大都市工業の新たな展開―SOHO CITY 三鷹の新たな挑戦」関満博・小川正博編『21世紀の地域産業振興戦略』新評論.
竹中平蔵監修，宮田安彦編（2001），『フューチャーワーク―21世紀の働き方』フジタ未来経営研究所.
田村紀雄（1992），『在宅化社会』ダイヤモンド社.
長坂俊成（2000），「急増するマイクロビジネスの現状と課題」『調査季報』（国民生活金融公庫総合研究所）2000.11（No. 55）.
日本商工会議所（1997），「『起業』新時代に孵化する小規模企業―平成の開業

実態と開業支援の在り方」(平成 8 年度中小企業庁委託経営改善普及事業基本問題研究報告).

日本商工会議所 (1998),「情報化に対応する小規模企業―小規模企業の情報化の現状と情報化支援のあり方」(平成 9 年度中小企業庁委託小規模事業対策調査研究報告).

日本 SOHO 協会 (2000),「『SOHO 社会』を実現するための 10 の提言」(http://www.j-soho.or.jp/library/library81.html).

日本テレワーク協会 (2000),「テレワーク白書 2000 年度」.

第4章 「幸福な転職」の条件
　　　——重要なウィークタイズ——

玄田　有史

1. 何が問題なのか

　学校を卒業してから引退するまで，より良い仕事や労働条件を求めて，複数の会社を転々とする．そんなことが，これからの社会では多くの人にとって当たり前になっていくのだろうか．

　労働市場が流動化する時代，転職の時代が叫ばれる．若者の間でのいわゆる「七・五・三」現象[1]や，フリーター現象など，転職の一般化を示唆する言葉が飛びかう．だが，これまでのところ，長期雇用の傾向が音を立てて崩れはじめたという段階までにはいたっていない．労働省（現，厚生労働省）が毎年実施する「賃金構造基本統計調査（賃金センサス）」をみるかぎり，1990年代に入って若年正社員の同一企業内平均勤続年数が短くなっているという証拠はない．中高年正社員にいたっては，平均勤続年数はむしろ長くなってさえいる．その意味では「長期雇用」の傾向は変わっていない．背景には企業側，働く側双方にさまざまな原因がある．働く側についていえば，今の仕事の現状には満足していないが，転職によってその状況が好転するとも思えないという意識が強いのだろう．

　さらに経済全体での雇用機会創出を念頭に，転職とならんで，個人の独立による開業の増加が期待されている．しかし現状は，期待に反して開業率は大きく低下している[2]．その原因には，不況や資金調達の困難化などの影響もある

---

1) 雇用保険業務統計から指摘された，学校を卒業後，最初に就職した会社を3年以内に辞める割合が，中学卒で7割，高校卒で5割，大学卒で3割にのぼっている現象をいう．
2)「平成11年中小企業白書」は，雇用保険業務統計に基づき，雇用者のいる事業所全体の開業率が

が，それと並んで，労働者に「独立したい，開業したい」という意欲が高まっていないことも大きい．総務庁（現，総務省）統計局実施の「就業構造基本調査」によると，25歳から34歳の転職希望者のうち，「自分で事業をしたい」という割合は，1979年には30％以上あったのが，1997年には20％を割り込むまで下落している．

転職をする人とそうでない人で，一体，何が違うのだろうか．独立を希望する人とそうでない人では何が違うのか．これらの疑問に，会社・仕事の状況とならんで，家庭生活や本人を取り巻く人間関係などに注目しながら，考えてみたい．転職した人のうち，それによって「幸福」を感じている人とそうでない人では何が違うのか．何をもって幸福と考えるかは，人によってもちろん異なる．ここでは，転職を通じた，満足度の変化，納得の度合いなどに加え，収入や労働時間等を決める要因の分析を通じて，幸福な転職者になるための条件を考えてみたい．さらに転職だけでなく，独立志向をもつ人とそうでない人では何が違うのかも考察する．

以下で用いるデータも，他章と同様，生命保険文化センターが2000年9月から10月に実施した「ワークスタイルの多様化と生活設計の変化に関する調査」である．そのなかの18歳から59歳の男女就業者を対象とした一般調査から，大学卒もしくは大学院卒の正社員を抽出，それを転職の経験者と未経験者に分割する．そこに，一般調査とは別に，学歴が大卒以上で，現在民間企業に正社員として勤務する，転職経験が1回以上の個人を対象とした「転職調査」を加え，会社を転職する人と継続就業する人の特性に迫る．転職者調査には一般調査と別の調査項目も多く含まれ，転職者特有の状況を調べることができる．

2. 転職する人，定着する人

まずは，これから考察の対象となる人々の基本的な属性をみておこう．現在正社員として民間企業で働いている人々のうち，過去に転職または転業・独立の経験がある人々を「転職者」と呼び，そうでない人，すなわち1つの会社に

1988年以後，低下し続けていることを示している（214ページ）．

第 4 章 「幸福な転職」の条件

表 4.1 大学卒または大学院卒で，現在，正社員として働いている人々の属性

		転職者	定着者
転職経験		有り	無し
サンプル数		320	166
構成（％）			
性別	男性	83.4	85.5
	女性	16.6	14.5
最終学歴	大学卒	96.3	95.2
	大学院卒	3.8	4.8
年齢構成	30 歳未満	15.0	38.0
	30～39 歳	31.9	30.7
	40～49 歳	29.7	21.1
	50 歳以上	23.4	10.2
	平均年齢	41.1	35.4
企業規模（正社員数）	1～29 人	28.8	7.8
	30～99 人	18.1	7.2
	100～299 人	24.7	12.7
	300～999 人	15.9	17.5
	1,000～4,999 人	7.8	31.3
	5,000 人以上	3.4	23.5
	不明	1.3	0.0

勤めつづけている人を「定着者」と呼ぶ．調査の設計上，転職者が 320 サンプル，定着者が 166 サンプルと，転職者が高い割合で含まれている．

表 4.1 をみると，転職者と定着者で，男女構成および大学卒・大学院卒の学歴構成に大きな違いはない．転職者のほうがわずかに女性と大学院卒の割合が高い程度である．より特徴的なのは，年齢構成と就業先の企業規模である．転職者の平均年齢は 41.1 歳であり，40 歳代が 29.7％，50 歳代が 23.4％ と両年代が全体の過半数を占める．それに対し，定着者の平均年齢は 35.4 歳と，転職者に比べて 5 歳近く若い．定着者には 30 歳未満が 38.0％，30 歳代が 30.7％ を占め，40 代以上の比率が相対的に低くなっている．以下で転職者と定着者を比べる際，年齢構成の違いに留意する必要がある．さらに，企業規模（就業している会社全体の正規従業員数）をみると，定着者で圧倒的に 1,000 人以上の大企業に就業している割合が高く，全体のおよそ 55％ にのぼる．それに対し，転職者で 1,000 人以上企業に働くのは，11％ 程度にすぎない．大卒，

表 4.2 就業に関する意識

	定着者	転職者
全体的な満足度（％）		
満足	10.8	10.0
やや満足	45.2	40.0
どちらともいえない	25.9	23.8
やや不満	12.7	14.4
不満	5.4	10.6
不明	0.0	1.3
転職，転業・独立の希望状況（％）		
転職したい	26.5	28.8
転業したい	1.2	2.8
独立したい	9.0	17.8
転職，転業・独立はしたくない	63.3	49.1
不明	0.0	1.6
自己啓発を行ったことがある（％）		
ない	62.7	61.3
ある	37.4	38.8
過去1年に自己啓発に費やした平均金額（千円）	63.4	86.3
何歳くらいまで働きたいと思うか（歳）		
平均	60.7	62.9
中位数	60	65

　大学院卒の場合，卒業後は大企業に就職し，転職はより小さい規模へ，というのが一般的である．データからは，転職者の70％弱が300人未満の中小企業に転職している．

　就業意識についての転職者と定着者の違いをみたのが，表4.2である．定着者の場合，賃金等の労働条件が比較的良好な大企業に就業している割合が高いことを反映してか，現在の仕事や勤務先について，「満足」，「やや満足」の割合は，転職者より高い．不満がきわめて大きい場合には，すでに転職しているという実情もあるだろう．より良い就業先を求めて仕事先を変更したはずの転職者でも，10.6％が「不満」，14.4％が「やや不満」と答えており，定着者よりも高くなっている．

　定着者と転職者で，仕事や勤務先の満足状況に，どのような具体的な違いがあるのだろうか．図4.1をみると，定着者の場合，「雇用の安定性」をあげる場合が圧倒的に多く，48.8％にのぼる．それに比べ，中小企業に働く場合が

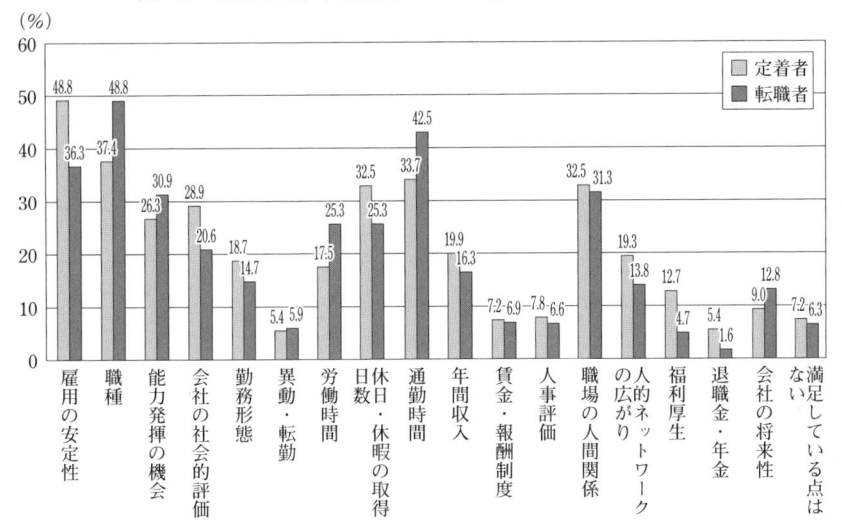

図4.1 現在の仕事や勤務先について満足している点(M.A.)

項目	定着者	転職者
雇用の安定性	48.8	36.3
職種	37.4	48.8
能力発揮の機会	26.3	30.9
会社の社会的評価	28.9	20.6
勤務形態	18.7	14.5
異動・転勤	5.4	5.9
労働時間	17.5	25.3
休日・休暇の取得	32.5	25.3
通勤時間	33.7	42.5
年間収入	19.9	16.3
賃金・報酬制度	7.2	6.9
人事評価	7.8	6.6
職場の人間関係	32.5	31.3
人的ネットワークの広がり	19.3	13.8
福利厚生	12.7	4.7
退職金・年金	5.4	1.6
会社の将来性	9.0	12.8
満足している点はない	7.2	6.3

多い転職者は，雇用の安定性よりも「職種」を満足の条件にあげる割合がもっとも高い．「能力発揮の機会」や「会社の将来性」も，定着者より転職者のほうが高い．雇用安定よりも仕事の中身を重視して転職している人々の姿が垣間みられる．転職者では「通勤時間」を満足内容にあげている割合も高く，家庭生活との両立や利便性を理由に転職する場合も少なくない．

　再び表4.2に戻り，今後の転職，転業・独立の希望状況についてみよう．特徴的なのは，定着者に比べて転職者で「独立したい」と考える割合が約2倍高く，17.8%にのぼっていることである．転職者の高い独立志向に影響を与えている要因に関しては，後節でくわしく考察する．一方，定着者では今後も「転職，転業・独立したくない」と考えている割合が63.3%にのぼる．労働市場の流動化といっても，意識面では1つの会社に勤めつづけたいという人々が，依然として高い割合でいる．

　これからの能力開発について，企業が主導するのでなく，労働者本人の自発的，積極的な取り組みの重要性が指摘されている．転職者と定着者のあいだで，自己啓発（公的な資格や技能の取得，仕事に関する知識や能力の向上のための勉強など）の経験の有無に大きな違いはない．しかし，過去1年間に自己啓発

表 4.3　将来の生活設計に関する計画性

定着者（%）	10年以上先まで	10年くらい先まで	5年くらい先まで	1年後くらいまで	計画は立てていない	不明
(1)ライフイベントの選択	10.8	10.8	28.3	9.6	39.8	0.6
(2)資産形成や保障準備	13.9	15.1	12.7	8.4	50.0	0.0
(3)転職，転業・独立，引退	1.8	7.2	15.7	4.8	69.9	0.6
(4)職業能力(技能・資格)の向上	1.8	4.2	22.3	18.1	53.6	0.0

転職者（%）	10年以上先まで	10年くらい先まで	5年くらい先まで	1年後くらいまで	計画は立てていない	不明
(1)ライフイベントの選択	6.6	9.7	19.7	8.8	53.4	1.9
(2)資産形成や保障準備	15.0	14.1	14.7	7.8	46.6	1.9
(3)転職，転業・独立，引退	5.3	6.9	18.8	11.6	55.9	1.6
(4)職業能力(技能・資格)の向上	3.4	4.4	19.4	14.7	56.3	1.9

のために費やした平均金額となると，転職者が8.6万円，定着者が6.3万円と，転職者のほうが2万円以上多い．よりよい仕事先に就業するため，転職者は積極的に自己啓発の投資を自ら行っている．自己啓発だけでなく，将来の働く意識も，転職者は定着者に比べてけっして低くない．「何歳まで働きたいか」を尋ねると，転職者のほうが定着者よりも長く働きたいという希望をもつ．希望する引退年齢の平均は，定着者の60.7歳に対し，転職者は62.9歳である．中位数も定着者と転職者は，それぞれ60歳，65歳と大きく異なっている．

こう考えると，転職者には，仕事志向が強くてそれだけ不満もあるが，本当に希望する仕事をやりたい，自分の能力を長期にわたって発揮したい，と考えている人が多いようである．この点を別角度からみるため，定着者と転職者が，将来の生活設計についてどのような項目を重視し，計画性をもっているかに注目した．その結果が，表4.3である．転職，転業・独立，引退といった今後の職業生活について，何の計画も立てていない転職者は55.9%にとどまるのに対し，定着者では69.9%と7割近い．それだけ，転職者は将来の自分の仕事や働き方に強い意識や計画性をもっている．一方，ライフイベント（結婚，出産，住宅取得等）の選択について，転職者の過半数（53.4%）は「計画を立てていない」のに対し，定着者は6割以上が何らかの計画を持っている．転職者

表4.4 家庭の状況　　　　　　　(単位：%)

	全体		30～49歳・男性	
	定着者	転職者	定着者	転職者
結婚状況				
既婚（初婚）	65.7	73.4	92.8	82.1
既婚（再婚）	3.0	2.2	3.6	3.6
既婚（離別・死別）	0.0	3.1	0.0	1.2
未婚	29.5	18.8	1.2	11.3
子供の有無				
いる	84.2	83.3	88.8	85.6
いない	15.8	16.7	11.3	14.4
住居				
持家（住宅ローン支払中）	27.1	33.4	42.2	37.5
持家（住宅ローン支払済，なし）	10.8	15.9	10.8	9.5
親名義の住居に同居	22.3	20.9	12.1	19.1
賃貸住宅	22.3	25.3	18.1	27.4
社宅・借り上げ社宅・独身寮	17.5	4.1	16.9	6.6
配偶者の就業状況				
民間企業の正社員	11.4	14.9	6.3	7.6
公務員	1.8	2.5	0.0	1.4
派遣社員・契約社員	0.0	3.3	0.0	2.8
パート・アルバイト	19.3	23.6	22.5	24.3
家事手伝	0.9	2.1	0.0	2.1
自由業	1.8	0.4	1.3	0.7
専業主婦	64.0	48.8	68.8	56.9
家庭生活の満足状況				
満足	26.5	24.4	31.3	26.2
やや満足	48.2	53.1	45.8	53.0
どちらともいえない	21.7	14.7	20.5	14.9
やや不満	2.4	6.6	2.4	5.4
不満	1.2	0.9	0.0	0.0

(注)　数値の合計が100にならない場合があるのは「不明」のサンプルがあるため．

の特徴を仕事志向もしくは職業志向と表現するならば，定着者は生活志向もしくはライフイベント志向が強いといえる．

　この志向の違いは，転職者と定着者の家庭状況からもみることができる．表4.4は，定着者と転職者の家庭状況をみたものである．結婚，出産，住宅取得などの選択状況は，各人が人生設計のどの段階にあるかで大きく左右される．

ただし，冒頭でみたとおり，転職者と定着者ではその年齢構成は大きく異なる．そこで，両者の全体と同時に，30歳から49歳の男性に限定したときの家庭状況も比べる．全体をみると，定着者よりも転職者は，結婚している割合や子供がいる割合が高いが，これには年齢構成の違いが反映している．30～49歳男性をみると，未婚である割合が定着者は1.2%に対し，転職者は11.3%にのぼる．子供のいる割合も転職者よりも定着者のほうが高い．

住居も，全体では転職者のほうが持家の割合が高い．しかし，30～49歳男性では，持家の割合は定着者のほうが高い．とくに，住宅ローン支払い中の持家の割合は転職者に比べ定着者のほうが5%近く高くなっている．住宅ローン返済のために安定した所得の確保が必要となり，そのために所得変動リスクの大きい転職を踏みとどまっている姿が想像される．住居状況でもうひとつ特徴的なのは，全体と30～49歳男性に共通して，賃貸住宅への居住が多い転職者に対し，定着者は社宅・借り上げ社宅，独身寮に住んでいる割合が10%以上高いことである．定着者の多くが働く大企業でこれらの住居施設が充実していることを反映すると同時に，定着者は恵まれた住環境の放棄となる転職を回避しているともいえる．

配偶者の就業状況も，転職者と定着者で違いがみられる．定着者の配偶者は，専業主婦である割合が60%以上であり，30～49歳男性定着者の配偶者の場合，実に70%近くが専業主婦である．その値は転職者の配偶者が専業主婦である割合を，いずれも10%以上も上回っている．大学卒の夫が大企業に就業・定着しながら安定した収入を確保し，妻は専業主婦として家庭を守りながら，家庭のライフイベント実現のため中心的な役割を担う．それに対し，転職者の配偶者は，民間企業の正社員，またはパートやアルバイトをして働く割合が高い．そのほか，このデータでは配偶者が派遣社員や契約社員として働いているのは，転職者の配偶者だけである．これらの傾向が今後も続くならば，女性の労働力率が上昇するかどうかは，男性の転職が一般化するかどうかにも左右されるかもしれない．

転職者の配偶者が就業する理由には，家計全体の所得状況も影響しているのだろう．表4.5に示された本人の年収の中位数をみると，全体でも30～49歳男性でも，定着者は転職者を100万円上回っている．30～49歳男性の平均年

表 4.5　経済状況

	全体		30〜49歳・男性	
	定着者	転職者	定着者	転職者
(1)年収（本人）				
平均（万円）	629.0	583.3	737.2	619.6
中位（万円）	600	500	700	600
(2)年収（本人と配偶者の合計）				
平均（万円）	700.4	668.0	772.5	675.5
中位数（万円）	650	600	720	637.5
(3)貯蓄・積立型保険・投資の合計（過去1年間）				
平均（万円）	107.1	134.6	96.5	109.8
中位数（万円）	100	100	100	100
うち預貯金の割合（％）	67.6	57.9	58.6	57.1
うち保険（積立型）の割合（％）	26.0	31.8	35.7	33.6
うち投資の割合（％）	6.5	10.3	5.7	9.2
(4)平均貯蓄性向（＝(3)/(2)）				
平均	0.163	0.198	0.128	0.157
中位数	0.133	0.143	0.117	0.126
(5)金融資産総額				
平均（万円）	758.7	1,099.3	956.2	963.0
中位数（万円）	500	500	500	500
(6)月々の生活費（家賃・住宅ローン含む）				
平均（万円）	27.4	28.9	30.1	28.5
中位数（万円）	25	28	29	25

（注）　配偶者の年収について未記入のものはゼロとみなして計算した．

収は，定着者のほうが 100 万円以上高い．本人の収入に配偶者の収入を加えた年収は転職者世帯の配偶者の高就業率を反映し，本人の年収差よりも縮小する．しかし，それでも中位数や平均でみた所得格差は 50〜100 万円程度存在する．

　このように収入は定着者のほうが高いのと対照的に，本人および配偶者の過去 1 年間の貯蓄・投資金額は転職者のほうが多くなっている．これらの貯蓄・投資額を本人と配偶者の年収総和で割った平均貯蓄性向は定着者のほうが約 3 ％高い．将来の所得変動リスクの高い定着者の世帯では，将来の安定生活に向けて所得の高い割合を貯蓄に向けている．同時に，転職者では相対的に低い所得水準を高収益の金融資産への投資で補おうとしている面もある．金融・投資総額のうち，定着者の世帯では預貯金に向ける割合が高い[3]．一方，転職者

表4.6 大学卒・大学院卒のなかの「定着者像」と「転職者像」：その典型モデル

		定着者	転職者
意識・価値観	何を重視しているか 不確実性に対して	家庭志向 安定志向	仕事志向 リスク志向
仕事の状況	収入面 就業先 現在の仕事 将来の仕事 引退時期	収入多い 大企業で働く そこそこ満足 今のままでいい 60歳まで働きたい	収入少ない 中小企業で働く 不満もある 独立を考えている 65歳まで働きたい
家庭の状況	配偶者の状況 住居の状況 消費・貯蓄生活 資産形成の手段	専業主婦 社宅もしくは持家 消費重視 預貯金中心	働いている 賃貸住宅 貯蓄重視 投資も

世帯では金融・投資の約1割は投資に向けており[4]，安定志向の強い定着者世帯に比べてリスク志向が強くなっている．このような貯蓄や投資についての志向の違いを反映してか，金融資産総額には定着者と転職者の間に顕著な違いはみられない．全体および30〜49歳男性のいずれも，中位数は500万円であり，30〜49歳男性の平均はともに950万円前後となっている．

それより違いが大きいのは，毎月の生活費（家賃・住宅ローンを含む）である．全体でみた場合，定着者よりも転職者のほうが生活費は多いが，ここにも年齢構成が影響している．30〜49歳男性に限ると，生活費は平均でも中位数でも定着者の方が多くなる．定着者は所得が多いことから多くを消費財や耐久財の購入に向ける余裕があると同時に，住宅ローンの返済にあてることも多い．いずれにせよ，定着か転職かといった職業選択が，家庭環境のあり方にも影響していることが確認できる．

総じてここから，どのような転職者像と定着者像がみえてくるだろうか．転職者像と定着者像を大胆にモデル化すれば，表4.6になる．

定着者は生活で重視する面として「家庭志向」の強いこと，不確実性に対しては「安定志向」が，その特徴である．雇用機会でもまず安定性を重視するた

---

3) ここでいう預貯金には普通・定期の預貯金のほか，社内預金，財形貯蓄等も含まれている．
4) ここでいう投資には，国債，株式，投資信託，MMF，中期国債ファンド，外貨預金などが含まれる．

め，大企業に就業しつづける．仕事は定年の60歳まで，その後は悠々と引退生活をするのが理想である．家庭を第一に考え，住宅を購入するか，そうでなければ社宅に住むことで生計に余裕のあるぶん，豊かな消費生活をしている．家庭の切り盛りは，専業主婦である妻の役割であり，資産形成でも危険を冒さず，定期などの預貯金がその中心である．もちろん，すべての定着者とその世帯がこうだというわけではないが，これらは1つの典型的な事例であることに違いはないだろう．

それに対して転職者は，自分を活かす仕事がしたい「仕事志向」が強く，そのために所得が減少するなどの不確実性があることを厭わない「リスク志向」が特徴的である．仕事へのこだわりが強いぶん，それだけ不満も多いが，将来的には長く働きたいと思い，可能ならば独立開業したいという希望もある．中小企業に働いているため収入は多くないが，妻も働くことでそれを補っている．世帯の貯蓄性向は高く，資産形成のために投資をしている場合も多い．絶対に自分の家をもちたいという気持ちは必ずしも強くない．賃貸住宅でもいいと考えている．それが，転職者とその世帯の典型的状況である．

このような定着者像と転職者像は，将来の大学卒または大学院卒の将来について，いくつかの予測を可能にする．男性の転職が一般になれば，女性の就業率も高まるだろう．家をもちたいという意識が弱まったり，企業の社宅施策が今後弱まるならば，生計安定の制約も外れ，男性の転職は案外ふえるかもしれない．逆に，仕事よりも家庭という傾向が今後強まれば，転職はあまり増加せず，60歳で引退して生活を充実させたいと多くの人々は考えるようになるだろう．将来，転職がふえるかどうかは，たんに労働市場の問題にとどまらず，生活そのもののあり方と密接に関わるのである．

3．幸せな転職をもたらすもの

前節でみたとおり，転職者の特性とは，仕事志向と同時にリスク志向に求められる．リスク志向の源泉には，本人のもつ生来の資質が大きいだろう．しかしそれにもまして重要なのは，不確実な状況のなかで転職を決断する人には，それだけ成功の可能性がみえていることではないだろうか．少なくとも転職に

よって状況を改善できるためには，本人がリスクを負っても転職するだけの「何か」があるはずである．転職リスクにチャレンジし，実際に転職を成功と感じているのは，どのような人なのだろうか．「幸福な転職」の条件とは，何なのだろうか．

以下の結果は，ショッキングなものである．なぜなら，政府が，そして民間が職業紹介機能をどんなに充実させても，必ずしも転職を幸福なものにするといえないからである．さらには，どんなに本人が能力を高めても，それだけではやはり幸福な転職にはつながらない．では，家族や親類の縁故が大切なのか．転職前の会社で築いた人間関係が重要か．これも違う．大事なのは，信頼できる友人・知人がいるかどうか，である．

表4.7の左側に示したのは，転職によって現在の会社に勤めている人々のうち，「転職後の仕事や勤務先に満足していますか」という問いに「満足」もしくは「やや満足」と答えた人々の特性を，プロビットモデルという統計分析の手法で推計した結果である．左端にあるのは説明変数であり，該当する数値がプラスだと満足している確率が高まり，マイナスであるとそうでない確率が高まることを意味する．ただし，その数値が本当にゼロでない，すなわち，そのプラスやマイナスの数字が信頼できると統計的にいえるのは数値に＊，＊＊，＊＊＊といった記号が付されているものだけである[5]．それらの記号が付されていない場合，満足しているという確率は高くもなければ，低くもない．たとえば，説明変数のうち「転職時の年齢が50歳以上」という変数の係数はプラスであり，その値は統計的に信頼できる．50歳以上の転職がむずかしいなかで，転職が実現できた人は仕事や勤務先に満足している確率が高いというわけである（厳密には「30〜39歳に比べて」である）．それに対し，30歳未満や40〜49歳で転職をした人では，係数はプラスであるものの，満足していると答える人々がとくに多いわけでない．それは，50歳未満で転職した人々がとくに転職の満足度が高いわけではないと解釈される．

年齢以外に転職後の満足に影響しているのは「転職後にどのような点を（もっとも高く）評価されたと思うか」という問いに対する答えである．「前職で

---

5) このとき，＊の数が多いほど統計的な信頼性が高い，すなわちゼロでない確率がますます高まることを意味している．

第4章 「幸福な転職」の条件

表4.7 転職の効果(1)

説明変数		転職後の仕事や勤務先に満足している			転職直前の会社に比べて満足度が向上した			現在の会社に転職する際納得して入社した		
	推計確率	係数	Z値	限界効果	係数	Z値	限界効果	係数	Z値	限界効果
転職時の年齢	30歳未満	0.1812	0.89	0.0721	0.0527	0.23	0.0204	0.1279	0.59	0.0460
	40〜49歳	0.4129	1.66	0.1627	-0.0444	-0.16	-0.0170	0.0863	0.34	0.0310
	50歳以上	0.6324	2.52**	0.2447	-0.5041	-1.74*	-0.1815	-0.2325	-0.91	-0.0872
性別	女性	-0.1641	-0.70	-0.0651	0.0463	0.18	0.0179	-0.4322	-1.93*	-0.1642
最終学歴	大学院卒	0.5125	0.98	0.1984	-0.4487	-0.79	-0.1592	0.0682	0.12	0.0244
過去の転職経験	過去2回正社員として転職	0.2173	1.05	0.0865	0.1974	0.84	0.0766	0.3670	1.72*	0.1296
	過去3回以上正社員として転職	-0.2427	-1.12	-0.0962	0.1090	0.43	0.0422	-0.2481	-1.13	-0.0915
転職の際有益な助言をしたのは誰か	公的機関（ハローワーク等）	-0.1148	-0.43	-0.0455	0.2696	0.93	0.1060	-0.4453	-1.74*	-0.1706
	民間職業紹介機関	0.3247	0.89	0.1283	0.2879	0.68	0.1135	0.5643	1.48	0.1779
	ヘッドハンター	-0.1527	-0.44	-0.0604	0.2317	0.64	0.0910	0.7047	1.62	0.2123
	配偶者	0.1125	0.55	0.0448	0.2615	1.20	0.1023	0.2831	1.30	0.0988
	親	0.1695	0.64	0.0675	0.0615	0.22	0.0238	0.3216	1.17	0.1098
	親類・縁者	0.4298	1.43	0.1686	0.7962	2.39**	0.3086	0.0096	0.03	0.0035
	職場の上司	-0.2787	-1.00	-0.1094	-0.4109	-1.28	-0.1490	0.2189	0.72	0.0763
	職場の同僚・部下・後輩	1.0641	2.16**	0.3704	0.1142	0.27	0.0445	0.0988	0.22	0.0352
	職場以外の友人・知人	0.3380	1.78*	0.1341	0.4579	2.30**	0.1792	0.7455	3.48***	0.2422
	学生時代の先生	1.1649	1.74*	0.3912	0.8335	1.43	0.3202			
	その他	0.3248	0.69	0.1283	0.7808	1.54	0.3021	0.3748	0.76	0.1243
転職の際評価されたと思う点	前職での経験	0.6019	2.32**	0.2362	0.0974	0.33	0.0377	0.2380	0.86	0.0849
	人間性や姿勢	0.6270	2.50**	0.2453	0.5331	1.90*	0.2077	-0.0703	-0.26	-0.0257
	資格・技能	0.2058	0.76	0.0819	-0.1369	-0.44	-0.0522	-0.0237	-0.08	-0.0086
	勤務先の倒産による離職	-0.2959	-0.79	-0.1157	0.0367	-0.08	0.0142	-0.5229	-1.48	-0.2024
	転職後の勤続年数	0.0163	0.87	0.0065	-0.0131	-0.62	-0.0050			
	定数項	-0.9315	-3.11***		-0.7066	-2.03**		0.0889	0.29	
	サンプル・サイズ	284			243			284		
	対数尤度比	39.64			36.81			47.25		
	Prob>χ²	0.0169			0.0341			0.0009		
	擬似決定係数	0.1008			0.1120			0.1274		

(注) *は統計的有意水準が10%, **は有意水準5%, ***は1%であることを意味する．以下の表についても同様．Z値とは漸近的t値を示す．

の経験」や「人間性や姿勢」を評価されたと感じている人は，転職に満足している確率が高い．一方，「資格・技能」をもっとも評価されたと思っている人は転職に満足していると答える確率は高くない．しばしば転職で本当に大切なのは資格でなく，その人が前の会社でどのような仕事をしてきたかだ，といわれる．これらの結果は，その意見を裏づけている．

　転職後の満足度に影響する要因としてとくに重要なのが，「現在の会社に転職する際，有益な助言をしてくれたのは誰なのか（複数回答）」である．推計結果によれば，公的機関（ハローワーク）や民間職業紹介機関，ヘッドハンターは，転職の満足向上につながっていない．転職によって満足している人もいれば，満足していない人も多く，明確な傾向はみられない．同じように，配偶者，親，親類・縁者といった家族や身内の人間が助言者になった場合も，転職の満足が高まっていない．そのなかで，転職に満足していると答える確率が高いのは，「職場の同僚・部下・後輩」からの助言であり，「職場以外の友人・知人」であり，また「学生時代の先生」である．転職に際して相談できる友人・知人がいることこそが，転職を満足できるものにしている．

　ただ，何かに満足するか，それとも不満に感じるかは，個人の性格や価値観によって左右される部分も多い．そこで，満足の水準ではなく，転職によって以前の会社に比べて満足度が向上したかという，満足の変化の方向に影響している要因も，みておく．すると先の場合と異なり，50歳以上の転職は以前の会社に比べて満足度は下がる．現在の仕事に満足しているものの，転職で賃金や処遇も下がり，以前の会社ほどではないというのが50歳以上転職者の姿である．転職で評価された点でも，人間性や姿勢が評価されると満足が向上することが多い．転職の際の助言については，親類・縁者の助言があると満足を向上させるが，それとならんでここでもやはり職場以外の友人・知人からの助言が満足を向上させる確率を高めている．確率を「現在の会社に転職する際，納得して入社したか否か」に変えても，助言者のうち，唯一「職場以外の友人・知人」だけが納得性を高め，ここでも友人・知人の大切さを再確認させるものとなっている．

　転職にともなう満足や納得をみてきたが，収入についてはどうだろうか．表4.8は，転職を経験した人について，過去3年間に収入が増加したか否かをや

第 4 章 「幸福な転職」の条件

表 4.8 転職の効果(2)

説明変数		推計確率			ここ 3 年間で収入は増加した (転職後 3 年以内)			ここ 3 年間で収入は増加した (転職後 3 年以上)			直前の会社に比べて 収入や所得は改善した		
			係数	Z値	限界効果	係数	Z値	限界効果	係数	Z値	限界効果		
転職時の年齢	30歳未満		0.0425	0.09	0.0152	-0.1173	-0.44	-0.0376	0.2568	1.24	0.1019		
	40～49歳		-0.9943	-1.74*	-0.2756	-0.2352	-0.73	-0.0726	-0.2902	-1.16	-0.1127		
	50歳以上		-0.9532	-1.92*	-0.2813	-1.3077	-2.70***	-0.2829	-0.7832	-2.86***	-0.2840		
性別	女性		-0.0514	-0.11	-0.0182	0.1051	0.31	0.0351	0.0896	0.40	0.0356		
最終学歴	大学院卒		0.3715	0.35	0.1406	1.1976	1.36	0.4501	0.3039	0.55	0.1207		
過去の転職経験	過去2回正社員として転職		-0.7719	-1.69*	-0.2463	0.0761	0.27	0.0250	0.1168	0.54	0.0464		
	過去3回以上正社員として転職		0.2474	0.57	0.0901	-0.4410	-1.38	-0.1380	0.3235	1.46	0.1282		
転職の際 有益な助言を したのは誰か	公的機関（ハローワーク等）		-0.6196	-1.19	-0.1942	0.1722	0.43	0.0586	-0.3558	-1.31	-0.1368		
	民間職業紹介機関		-0.1392	-0.25	-0.0482	0.0625	0.11	0.0207	0.1518	0.43	0.0604		
	ヘッドハンター		0.0909	0.11	0.0330	0.2253	0.52	0.0777	1.1435	2.91***	0.4044		
	配偶者		0.4075	0.97	0.1523	0.0099	0.04	0.0032	0.5365	2.54**	0.2112		
	親		-1.0952	-1.76*	-0.2889	-0.7547	-1.79*	-0.1926	0.1331	0.50	0.0529		
	親類・縁者		0.1811	0.30	0.0666	0.6361	1.46	0.2340	0.1465	0.49	0.0583		
	職場の上司		0.0169	0.03	0.0060	-0.1412	-0.34	-0.0443	0.1949	0.68	0.0775		
	職場の同僚・部下・後輩		0.4372	0.65	0.1662	0.9007	1.26	0.3409	-0.0227	-0.05	-0.0090		
	職場以外の友人・知人		1.2878	3.20***	0.4743	0.6439	2.43**	0.2278	0.3981	2.08**	0.1577		
	学生時代の先生		0.1613	0.16	0.0594	0.8479	0.96	0.3207	0.0921	0.15	0.0366		
	その他		0.1374	0.10	0.0504	0.0227	0.04	0.0074	-1.1116	-1.66*	-0.3526		
転職の際 評価されたと 思う点	前職での経験		0.5477	0.73	0.1978	0.0930	0.26	0.0307	-0.3094	-1.12	-0.1213		
	人間性や姿勢		1.3473	1.75*	0.4966	-0.2017	-0.62	-0.0643	-0.0098	-0.04	-0.0039		
	資格・技能		0.9037	1.20	0.3399	-0.1884	-0.53	-0.0591	0.0174	0.06	0.0069		
	勤務先の倒産による離職					-0.9535	-1.59	-0.2189	-0.4104	-1.00	-0.1557		
	転職後の勤続年数		0.3157	1.60	0.1126	-0.0674	-2.33**	-0.0220	0.0558	2.33***	0.0221		
	定数項		-1.3265	-1.67*		0.1318	0.30		-0.6029	-1.88*			
	サンプル・サイズ		98			185			287				
	対数尤度比		39.87			35.14			63.48				
	Prob＞χ²		0.0112			0.0503			0.0000				
	擬似決定係数		0.3068			0.1549			0.1601				

はりプロビット分析によってみた．そこでは転職を境に収入が変化した場合と，転職後に収入が増加した場合の両方が考えられ，転職後3年以内と3年以上に分け推計している．驚きなのは，所得の改善面にも友人・知人の存在が役割を果たしていることである．転職後3年以内と3年以上の両方で，職場以外の友人・知人の存在は収入が増加する確率を高める．それは親の助言による転職が収入増加の確率を下げていることと対照的である．また50歳を過ぎての転職が収入増加の確率を低下させることは，先の予想どおりである．

　表4.8には，より直接的に転職による収入変動を「直前の会社に比べて収入や所得は増加した」か否かによって判断した場合の結果も示されている．ここでも職業紹介機関は，公共，民間ともに収入増につながっていない．それに対し，ヘッドハンティングや配偶者の助言も収入増加をもたらす．ヘッドハンターが高い所得を提示するの当然だろうし，妻が条件の厳しいけれど報酬の多いといった仕事を薦める場合もあるだろう．それに加えて，ここでも友人・知人の助言が所得機会を改善している．これらの要因を除けば，満足や納得の状況と比べて転職が収入改善につながる要因はほかに見当たらない[6]．

　助言を得られる友人・知人の存在は収入面だけでなく，転職による労働条件の改善にも貢献している．表4.9には，直前の会社に比べて労働時間や休日が改善する確率と，家庭生活やプライベートの時間が改善する確率を推計した結果が示されている．転職の際，人間性や姿勢を評価された場合や，資格・技能を評価された場合には，労働時間・休日やプライベート時間が，直前の会社に比べて改善する確率は低下する．そのほか，労働時間や休日の改善傾向が低いのは，民間職業紹介で転職した場合や，過去2回正社員として転職している場合である．ヘッドハンターを通じた転職や40歳代での転職も，プライベート時間の改善にはつながらない．それらに比べても，職場以外の友人・知人は，

---

[6] 説明変数のなかには，転職の理由として「勤務先の倒産による離職」か否かを加えてみた．それは，米国での研究のなかで，転職者は全体に解雇されやすいような能力の低い人々が多いものの，本人のせいでなく会社の倒産によって転職した人には能力の高い人も多く含まれるので，転職によって賃金が上がることも多いと指摘されてきたからである（Gibbons, R. and L. Katz (1991), "Layoffs and Lemons", *Journal of Labor Economics* 9 (January), pp.351-380). そこでここでも倒産経験の有無を変数を加えてみたわけだが，実際にはそれが転職による収入や所得の改善に影響しているという証拠はみられなかった．

第 4 章 「幸福な転職」の条件

表 4.9 転職の効果 (3)

説明変数	推計確率	直前の会社に比べて労働時間や休日は改善した			直前の会社に比べて家庭生活やプライベートの時間は改善した		
		係数	Z値	限界効果	係数	Z値	限界効果
転職時の年齢	30歳未満	0.2371	1.15	0.0922	0.1727	0.85	0.0680
	40〜49歳	−0.3229	−1.29	−0.1195	−0.4944	−1.92*	−0.1835
	50歳以上	−0.3231	−1.24	−0.1197	−0.1279	−0.51	−0.0497
性別	女性	−0.2990	−1.29	−0.1115	−0.3716	−1.60	−0.1410
最終学歴	大学院卒	−0.3212	−0.60	−0.1171	−0.0925	−0.18	−0.0360
過去の転職経験	過去2回正社員として転職	−0.4718	−2.20**	−0.1762	−0.0712	−0.33	−0.0278
	過去3回以上正社員として転職	−0.0101	−0.05	−0.0039	0.0994	0.45	0.0391
転職の際有益な助言をしたのは誰か	公的機関（ハローワーク等）	0.3017	1.12	0.1187	0.3746	1.41	0.1485
	民間職業紹介機関	−0.6956	−1.82*	−0.2325	−0.2824	−0.82	−0.1072
	ヘッドハンター	−0.6023	−1.56	−0.2068	−0.7055	−1.89*	−0.2459
	配偶者	0.1245	0.60	0.0487	0.3641	1.77*	0.1441
	親	−0.0424	−0.15	−0.0162	0.2682	0.96	0.1064
	親類・縁者	0.2381	0.80	0.0935	0.4685	1.56	0.1852
	職場の上司	0.1207	0.43	0.0470	−0.0072	−0.03	−0.0028
	職場の同僚・部下・後輩	0.3758	0.96	0.1484	0.2810	0.72	0.1116
	職場以外の友人・知人	0.3785	2.03**	0.1480	0.3440	1.86*	0.1359
	学生時代の先生				1.1562	1.77*	0.4104
	その他	−0.3806	−0.80	−0.1371	−0.6763	−1.32	−0.2353
転職の際評価されたと思う点	前職での経験	−0.3025	−1.14	−0.1144	−0.3190	−1.20	−0.1233
	人間性や姿勢	−0.4639	−1.81*	−0.1725	−0.4650	−1.81*	−0.1773
	資格・技能	−0.7083	−2.53**	−0.2495	−0.5272	−1.90*	−0.1970
	勤務先の倒産による離職	−0.2863	−0.77	−0.1055	−0.3397	−0.91	−0.1277
	転職後の勤続年数	0.0176	0.94	0.0067	0.0129	0.70	0.0050
	定数項	0.2100	0.67		0.0177	0.05	
	サンプル・サイズ	280			286		
	対数尤度比	36.13			37.95		
	Prob>χ²	0.0294			0.0258		
	擬似決定係数	0.0955			0.0969		

労働時間・休日の改善,家庭生活・プライベート時間の改善につながっている.

4. 独立志向の源泉

なぜ友人・知人の存在が転職を成功させる原因になるのかを考察する前に,もうひとつ,確認しておきたい.それは,将来,独立して事業を起こしたいと考える人は,どのような人々かという点である.驚くことに,ここでも相談できる友人がいるかどうかが,独立心をもつ決め手になっている.

表4.10は,転職経験がある人とない人の両方を含むデータについて,その人が「今後,独立したい」と考えている可能性をプロビット分析した結果である.まずここから確認できるのは,女性ダミーの係数がマイナスであり,男性に比べて女性に独立志向は弱いことである.学歴別では,大学卒に比べて大学院卒の独立志向が強い.今後の独立開業増加には,大学院教育の充実も1つの柱になる.4.3節でもみたとおり,会社に定着している人に比べ,過去に転職,転業・独立の経験のある人の方が将来的に独立したいと考えている可能性は高い.

それらの要因に加え,「仮に,転職(就職)または転業・独立するとしたら,相談相手になってくれる方はどなたたと思いますか(複数回答)」という問いに「職場以外の友人・知人」を選択している人ほど,将来独立したいと答える傾向が強くなっている.人々のもつ独立志向の背景には,性別,学歴といった個人属性に加えて,相談相手となる友人・知人の存在が重要な役割を果たす.

さらにここでの結果で重要なのは,本人の家庭要因が独立志向に影響を与えて「いない」ことである.結婚,子供,ローン,相続の有無,さらには,金融資産額といった要因は,いずれも独立志向を高めているわけでも,低めているわけでもない.ローンの返済や教育費といった家庭の経済状況が制約となって独立志向が阻害されているというわけでもないし,逆に相続や金融資産が十分なことが独立志向を強めているということでもない.家庭環境は,転職者と定着者を特徴付ける規準であるものの,独立志向をもっているか,もっていないかの判断基準にはならない.もちろん社会学で強調されてきたように,親の過去の職業が,子供の職業選択に影響を与える面はあるだろう.しかし,ここで

表 4.10 独立志向の決定要因（転職経験者および定着者）

説明変数	推計確率 (転職経験者および定着者)	推計式(1)			推計式(2)			推計式(3)		
		係数	Z値	限界効果	係数	Z値	限界効果	係数	Z値	限界効果
現在の年齢	30～39歳	-0.2308	-1.21	-0.0461	-0.2286	-1.06	-0.0450	-0.2438	-1.02	-0.0526
	40～49歳	-0.1166	-0.62	-0.0239	-0.0984	-0.42	-0.0199	-0.0426	-0.17	-0.0095
	50歳以上	-0.3120	-1.47	-0.0593	-0.2787	-1.13	-0.0526	-0.2536	-0.90	-0.0527
性別	女性	-0.5375	-2.77***	-0.0933	-0.4983	-2.40**	-0.0859	-0.4497	-1.99**	-0.0869
最終学歴	大学院卒	0.7142	2.71***	0.2054	0.7295	2.63***	0.2086	0.7108	2.37**	0.2136
転職経験	過去に転職、転業・独立の経験がある	0.5762	3.83***	0.1115	0.4972	3.22***	0.0963	0.4512	2.61***	0.0949
友人の存在	転職、転業・独立するとしたとき、相談相手になってくれる友人・知人が職場以外にいる	0.3279	2.56***	0.0700	0.3184	2.39**	0.0669	0.2602	1.78*	0.0594
就業満足度	現在の会社、仕事に満足している				-0.1171	-0.86	-0.0244	-0.1478	-0.99	-0.0337
家庭要因	結婚している				0.0642	0.32	0.0131	0.1803	0.81	0.0389
	未成年の子どもがいる				0.0622	0.39	0.0130	0.1172	0.69	0.0268
	ローン支払い中の持家がある				-0.0780	-0.51	-0.0159	-0.1560	-0.94	-0.0343
	親からの相続・贈与を受けた（受ける可能性がある）				-0.0285	-0.21	-0.0059	0.0086	-0.29	0.0019
資産効果	金融資産総額(本人と配偶者の合計)							0.0000	0.06	0.0000
	定数項	-1.4144	-7.88***		-1.3853	-6.08***		-1.3425	-5.24***	
	サンプル・サイズ	635			600			468		
	対数尤度比	34.49			29.86			24.12		
	Prob>χ²	0.0000			0.0029			0.0301		
	擬似決定係数	0.0652			0.0610			0.0590		

は親の過去の職業は調査されていないため，このような側面は掘り下げられない．いずれにせよ，独立志向にとって大事なのは，本人の現在の家庭環境よりも，信頼できる職場以外の友人・知人が自分のまわりに存在していることである．

　表4.11には，定着者を除き，転職者だけに限定して，独立志向がある確率を推計した．先の結果と異なるのは，現在の仕事に満足している場合，独立したいと考える確率が低い点である．転職を経験した人にとり，転職後の仕事に不満が募った場合，「もう改めて転職するのではない，こうなったら独立しかない」という意識も強まるのだろう．家庭要因が独立志向に影響しないこと，反対に性別や学歴と並んで，友人・知人の存在が独立志向を促進することは，転職者に限っても同じである．

5. 職場以外の人間関係

　ではなぜ，職場以外に信頼できる友人や知人のいることが，幸福な転職や独立志向の強さにつながっているのだろう．いくつかの可能性を指摘してみよう．

　友人・知人によって転職が成功するとすれば，まず想像できるのは，新しい転職先に相談相手となった友人・知人がいる場合だろう．仕事が変わることによる労働条件の変化や，それにともなう不安を，転職先の友人と率直かつ徹底的に話し合うことができれば，満足や納得を得やすい．少なくとも，転職後に「こんなはずではなかった」と感じるミスマッチは，転職先にいる友人と事前に密接に話し合う機会をもった場合には，職業紹介機関の紹介より起こりにくい．友人がいて十分に話し合うことができれば，不満足に終わりそうな転職自体を回避することもある．このように転職しようとする先に友人・知人がいれば，さまざまなかたちで情報のミスマッチを解消しやすいと考えられる．

　ただし，かりに転職先に友人・知人がいなかったとしても，転職に関する決断を迫られた際，直面する状況についての情報をどう判断するかで，友人・知人が重要な役割を果たす局面もある．簡単に「情報」というが，「情」と「報」ではその中身は大きく異なる．小川明氏の表現を借りれば，「報」とは「その気になれば，誰でも，何処からでも，何時でも入手できる公開された情報のこ

第4章 「幸福な転職」の条件

表4.11 独立志向の決定要因（転職経験者のみ）

説明変数	推計確率 （転職経験者および定着者）	推計式(4) 係数	Z値	限界効果	推計式(5) 係数	Z値	限界効果	推計式(6) 係数	Z値	限界効果
現在の年齢	30～39歳	-0.1733	-0.70	-0.0424	-0.1095	-0.40	-0.0260	-0.0218	-0.07	-0.0055
	40～49歳	-0.1512	-0.63	-0.0372	-0.0351	-0.12	-0.0084	0.1524	0.47	0.0398
	50歳以上	-0.3011	-1.16	-0.0707	-0.1794	-0.60	-0.0416	0.0257	0.07	0.0065
性別	女性	-0.5081	-2.31**	-0.1100	-0.4605	-1.87*	-0.0962	-0.3683	-1.39	-0.0835
最終学歴	大学院卒	0.9562	2.98***	0.3254	1.0023	2.91***	0.3365	0.9414	2.54**	0.3197
友人の存在	転職、転業・独立するとしたとき、相談相手になってくれる友人・知人が職場以外にいる	0.3811	2.54**	0.0979	0.3961	2.48**	0.0978	0.3034	1.74*	0.0780
就業満足度	現在の会社、仕事に満足している				-0.3971	-2.44**	-0.0965	-0.3544	-1.98**	-0.0901
家庭要因	結婚している				0.2280	0.96	0.0519	0.4367	1.63	0.0979
	未成年の子どもがいる				-0.0965	-0.52	-0.0232	-0.0693	-0.63	-0.0175
	ローン支払い中の持家がある				-0.1340	-0.76	-0.0318	-0.1778	-0.94	-0.0441
	親からの相続・贈与を受けた（受ける可能性がある）				-0.0566	-0.34	-0.0138	-0.0184	-0.10	-0.0047
資産効果	金融資産総額（本人と配偶者の合計）							0.0000	-0.90	0.0000
	定数項	-0.8932	-3.99***		-0.8987	-2.92***		-1.0999	-3.08***	
	サンプル・サイズ	406			377			306		
	対数尤度比	20.26			23.85			21.10		
	Prob>χ^2	0.0025			0.0134			0.0489		
	擬似決定係数	0.0525			0.0682			0.0710		

と」であり，それに対し「情」とは「フェイス・トゥ・フェイス・コミュニケーションから得るニュアンスや裏情報など，人が介在することではじめて発見され，入手可能になる情報」のことである[7]．公共，民間の職業紹介機関からも，転職に関する転職時の報酬水準や休日数といった情報のうち，定量的な「報」を得ることは可能だろう．しかし，情報のうち，「情」の部分の吸収・判断には，身近な友人の存在が大きい．転職や独立の際，定性的で質的な情報である「情」（条件・状況をどう解釈・評価するか等）は，近しい友人関係との相談から得られる．転職の決断をする際，「報」だけでなく，「情」が重要になる．「報」をうまく活用するための心理的拠り所となる「情」の大切さを，友人・知人の重要性は意味している．

さらに転職にともなう不確実性に対し，異なる職場にいる友人の仕事や働き方に転職後の自身の姿を投影し，自分の可能性を客観的に判断する面もあるかもしれない．すなわち，性格や能力などをよく知る友人の仕事を通じて，「自分ならできそうか」，「自分でもできるのではないか」といった判断がしやすくなる．ロール・モデル（role model）となる友人の存在が，自分自身の転職後の可能性を冷静に判断するための材料を提供してくれる．友人・知人の存在は，自分の能力の相対評価に役立つだけでない．転職に際して，感情面・心理面の支えとなる「厳しくかつ暖かい相談相手」が決断の決め手になる．逆に，身近なアドバイザーとなる友人・知人がいないと，転職にともなう不確実を冷静に判断できず，転職に踏み切れないか，不満足な転職に終わるかもしれない．

独立志向についても，ビジネス・パートナーとなるかもしれない友人・知人がいることがやはり大切になる．友人によって資金や状況判断に関するリスク分散できれば，それだけ独立をより現実的なものとして志向する可能性も高まるはずである．

「孤独」な人は，転職に成功する可能性が低い．そして，「孤独」な人は，独立志向をもつことも困難なのである．

---

[7] 小川明『表現の達人・説得の達人』TBSブリタニカ，1991年，62ページ．

6. 身も蓋もない結果？

　転職する人はリスキーな人である．転職によって満足や高収入が実現しない可能性があっても，それでも仕事や勤務先を変えたりするからである．転職はつねに幸福をもたらすとは限らず，むしろ「しまった」と思うことすら多い．住宅ローンがあったり，家庭を第一だと思う人は，転職は考えない方がいい．それでも仕事にこだわりがある人は転職にふみきる．
　では，転職によって幸福を得るにはどうすればいいのか．会社の外にできるだけ多くの信頼できる友人・知人をもつことである．そうでなければ，転職によって満足や納得は得られないし，収入やプライベートな時間も改善しない．将来，独立や開業をしたいとする人がふえるかどうかも，多くの人がこれまで以上に，会社の外に相談できる友人・知人を多くもてるかが，重要になる．
　信頼ができる友人や知人がいなければ，転職はうまくいかないというのは，身も蓋もない結果にきこえるかもしれない．だが，政策的に公的もしくは民間の職業紹介機能を充実させて転職情報の選択肢がふえても，転職によって収入や満足度が高まるとは限らない．転職に成功したり，独立したいと思うのであれば，政府や規制緩和に期待している様ではダメである．数限りなくある情報のなかから判断力を身につけることが大事であり，そのために信頼できる友人・知人をもつことが必要になる．
　不況や定年延長の影響などによって採用機会が縮小すると，卒業後に満足のいく就職ができなかったり，さらには会社の倒産によって転職が余儀なくされることもふえるだろう．そのなかで，会社に定着している人にみられた安定志向や家庭志向は維持できなくなる．今後，個人が幸福な就業機会を得るには，会社や家庭を超えた幅広い人的ネットワークを形成することが意味をもつ．そのため，個人レベルでの人間関係の構築や職場以外のコミュニティへの積極的な参加といった個人の取り組みがますます大切になる．年齢的にも30歳代，40歳代になると，多くの日常は会社と家庭の往復が通常になり，新しい人間関係が構築されにくいことが多くなる．それは，将来起こるかもしれない転職や独立に際して障害となる．ボランティア，NPO，地域活動に参加する機会

が充実してくることは，個人の適職選択にとって重要なキーポイントになってくる．

就職や転職に友人・知人の存在が重要性なことは，日本社会に特有な現象というわけでないだろう．しかし，長期雇用が一般化していた人々にとって，職場を超えた人的ネットワークを確保したり，新しく構築する試みがおろそかになっていた面はないだろうか．日本社会が良い意味での，つまりは閉鎖的ではなく，階級的ではないという意味での「コネクション社会」となることが，ミスマッチの少ない労働市場を構築するうえで重要になってくるのである．

7.「ウィークタイズが重要」は本当か

以上が，2001年4月に生命保険文化センター刊行の『JILI FORUM』(「特集[ワークスタイルの多様化と生活設計]」)に掲載された筆者の論文である．この論文のエッセンスを，その後，拙著『仕事のなかの曖昧な不安』(中央公論新社，2001年)で紹介したところ，思いがけず多くの反響があった．転職や独立には職場以外の友人・知人の存在が重要という結果に，「自分の実感に合っている」，「自分もそう思っていた」という意見を，サラリーマンとして働いている多くの人々や経営者の方々から少なからず頂戴した．そのことは筆者自身にとっても驚きであり，ある人から言われた次の言葉は，これまでいただいたコメントのなかで最も印象的なもののひとつである．「ここで書いてあるのは，サラリーマンだったらみんな感じていることばかりだ．でも，自分たちが漠然と直感的に感じていたことが，データからも裏づけられることがわかってよかった」．

多くの実感に合致した転職における幅広い人的ネットワークの重要性は，社会学のなかで「弱い紐帯（ウィークタイズ；Weak Ties)」の仮説として知られているものである．幅広い人間関係の形成が，とくに転職にとって重要なことを指摘したのは，アメリカの社会学者グラノヴェターである（グラノヴェター(1998)）．黒人社会が白人社会に比べて厳しい経済状況にある背景として，黒人同士の関係が「いつも会う人間」からなり，「まれにしか会わない人間」が存在しないことに，グラノヴェターは注目した．いつも会う人間からは安心感

は得られる．しかし，自分の価値観を強く揺さぶってみたり，思いがけない可能性を感じさせてくれる機会は，自分と異なる日常を生きる，まれにしか会わない人間からしか得られない．

グラノヴェターは，たまにしか会わないが互いに信頼を置く人間同士が形成する，うすいけれどもつながった関係を「ウィークタイズ」と呼んだ．よりよく生きるうえでのウィークタイズの重要性は，なにも黒人社会だけの問題ではない．日本社会も同じなのだ．もしかしたら現在の日本人にこそ，本当にウィークタイズは必要とされている．

一方，ここでの結果に対して，すべて肯定的な意見ばかりだったわけでは，無論ない．むしろ社会学者の方々を中心に，日本では弱い紐帯説は成立しない，もしくは限定的であるという意見をいただいた．その際，きまって，日本にはすでに弱い紐帯説は否定されているとして，渡辺深氏が1991年に雑誌『社会学評論』第165号にお書きになった「転職―転職結果に及ぼすネットワークの効果―」という論文の存在を指摘された．

たしかに渡辺氏はその論文のなかで「本調査の日本サンプルでは弱い紐帯の仮説1，2ともに支持されなかった」（11ページ）と明記している[8]．そのうえで渡辺氏は，「日本では，構造的特性として，弱い紐帯の「橋渡し機能」よりはむしろ強い紐帯の「同類原理」が作用していると考えられる」との結論を導いている（同ページ）[9]．

渡辺（1991）は，弱い紐帯仮説の実証分析として，きわめて丁寧な分析をし，その結果も説得的であり，その示唆から率直に学ぶべきところは多い．実際，男性中心，正社員中心といった，日本社会のなかの強い同質性の特徴から，強い紐帯が職場や地域に隅々まで張りめぐらされていると感じる人々も多いだろう．だとすれば，ここで述べたウィークタイズが重要という指摘は間違ってい

---

[8] 渡辺（1991）では，弱い紐帯の仮説1とは「転職者は，強い紐帯よりもむしろ弱い紐帯によって，多くの就職情報を得るだろう」であり，弱い紐帯仮説2とは「転職者は，強い紐帯よりはむしろ弱い紐帯によって，望ましい転職結果を得るだろう」としている．そこではグラノヴェターの論文を引用しながら，紐帯の意味について「紐帯の強さとは，多分，関係を特徴づける時間の量，情緒的強さ，親密さ（相互信頼），そして互酬的なサービスの一次結合」と紹介している（渡辺（1991，14ページ））．

[9] 強い紐帯をもつ人々は，同類原理と呼ばれる類似傾向に基づいて，同一の社会圏に属しがちになり，強い紐帯はその社会圏の凝集性を高める機能をもつという（渡辺（1991，4ページ））．

たのか．もし間違ってはいないとすれば，なぜよく知られた社会学の研究と相反する結果がここで得られたのだろうか．

そこで渡辺（1991）と，ここでの分析の違いをくわしく比べてみる．両者ではまず，データの収集された時点が大きく異なっている．渡辺で用いられたのは1985年であり，バブル経済発生以前の時期である．それに対し，ここでの調査は2000年に実施されたものであり，両調査の間には15年という長い年月が横たわっている．1980年代後半から90年代初頭のバブル経済隆盛期には，採用についても縁故採用などによる「水増し採用」の存在がつぶやかれることもあったろう．地縁，血縁といった分離が困難な強い持続的な関係は，強い紐帯を象徴するものである．しかし，バブル崩壊後の採用抑制のなかで，地縁や血縁による縁故採用は，あったとしてもかなり限定的になっている．バブル経済の隆盛と崩壊のなかで，効果的な転職の手段が，強い紐帯から弱い紐帯へと変化してきたのだとすれば，両分析の結果はけっして矛盾するものではない．

もうひとつ，両者の研究で決定的に異なるのは，対象となる学歴である．渡辺氏の分析がすべての最終学歴の転職経験者を対象としているのに対し，本分析が調査しているのは大学卒もしくは大学院卒以上の転職経験者である．渡辺（1991，3ページ）でも言及されているように，グラノヴェターの弱い紐帯説は，そもそも専門職，技術職，管理職の男性転職者についての研究であり，すべての転職者に成立することを述べたものではない．

この点については苅谷剛彦氏による拙著に対する書評でもご指摘いただいた点である（『日本労働研究雑誌』505号，2002年8月）．苅谷氏は，グラノヴェターらの研究のなかでもウィークタイズの形成が個人の社会経済的地位によって大きく左右されることが注目されているとし，すべての階層にゆるやかなネットワークの形成の可能性が開かれているわけではないとする（57ページ）．たしかに大学卒・大学院卒に限定することが，データに比較的高い社会階層の出身者を含む結果を生み，ウィークタイズの効果をより強く表現した可能性は否定できないだろう．

ただし，大学卒以外の人々の転職にウィークタイズは効果を果たしていないとして，ゆるやかな人間関係が存在しても，転職には有効に機能しないのか，それともそのような関係を形成するのがそもそも困難な状態にあるのかでは，

その意味合いは大きく異なる．苅谷氏が指摘するように，後者のような「社会（関係）資本」といった資源が生来的に乏しい社会階層の出身者が，全体のうちどの程度存在しているのかは，それ自体，今後の重要な研究テーマだろう．そのうえで，それらの不利な条件にある人々のゆるやかなネットワーク形成にいかなる手段が転職や独立に対して有効かを明らかにすることは，今後，経済学と社会学をまたがる重要な研究領域となる．

さらに渡辺氏の分析が首都圏半径 50 km 以内（東京都，神奈川県，千葉県，埼玉県）に在住の 20～54 歳の男性労働者を調査しているのに対し，ここでは大学卒・大学院卒だけであるが，全国の，すべての年齢層の男女を対象としている．東京近郊では他の地域に比べて多様な就業環境で多様な働き方が存在している場合が多いとすれば，そこでは本来的にウィークタイズがむしろ形成しやすいはずである．さらには現状では，職務範囲は女性より男性の方が広い一般的な現状を考えると，仕事を通じて多様な人材と知り合う機会も，男性こそが恵まれているように思われる．にもかかわらず，首都圏の男性に強い紐帯が効果をもち，全国の男女の方が弱い紐帯が重要であるという．それは一体，何を意味しているのか．

地方に居住する女性のうちでも，地縁・血縁によって就職に有利になるような「強いコネ」をもっているのは限られた人々である．さらには彼女たちが正社員として働いていたとしても，仕事を通じて人間関係の広がりをもてるような業務が必ずしも豊富に存在していないとすれば，就業に有利となるような強い紐帯を保有する機会が，女性や地方居住者の場合，そもそも存在しないのかもしれない．そのような状況で転職や独立に有利な情報を得るとすれば，それはむしろ職場外の人間関係となっているのかもしれない．

逆に首都圏に近い男性の場合には，頻繁に接触する会社内外の人間関係をもつことができ，それが転職にも有利に働いているのかもしれない．東京に本社をもつ情報サービス業の大企業につとめる人事担当者が，多様な人材の活用を進めていくためには「オールド・ボーイズ・ネットワーク」を打破しなければならないと言っていたのをきいたことがある．それだけ男性中心の強固なネットワークが，東京近郊に多い大企業の男性正社員の労働市場には存在しているのかもしれない．

しかしながら,「大企業の正社員」といった,かつてならば安定的な就業や報酬を象徴した機会は,男性であってもきわめて限られたものとなりつつある.くわえて大企業の正社員になったとしても,それが自動的に安定を保証するものとはならなくなっているのが現状だろう.だとすれば,社会構造の変化のなかで強い紐帯に庇護された割合は縮小し,結果的に多くが弱い紐帯に新たな可能性を求めざるをえなくなっているのかもしれない.

このほか,両分析では紐帯の中身を計測する方法が異なっている面もある.渡辺(1991)では,「あなたがその人から会社の求人情報を聞いた頃は,その人とどれくらいの頻度(回数)で会っていましたか」と尋ね,その年に会った回数で強さの尺度としている.一方,ここでは「現在の会社へ転職または転業・独立する際,有益な助言をしてくれたのは誰か」ということに注目している.その意味で,ここでは接触の頻度よりも,情報提供者の種類と満足度(「有益」)からネットワークの効果を計測しており,渡辺(1991)と注目点は異なっている.渡辺論文では,グラノヴェターの研究との比較を重視し,紐帯説の検証をより直接的に検証している面で,社会学のなかでの高い評価につながっているのだろう.

しかし,弱い紐帯の意味とそれに基づく適切な政策を考察するうえでは,今後は社会学に限らず経済学の観点からも,情報の種類と中身によって転職の効果が異なる可能性について,詳細な検証を進めていくことが重要になる.「情報」は経済学のなかでももっとも登場する頻度が高い概念のひとつである.実際,保有する情報の非対称性という,既存の情報の分布のあり方が資源配分に影響を与えることが明らかになったことで,経済現象の理解は飛躍的に発展した.「モラルハザード」,「逆選択」という概念がなければ,経済の理解は一体,どうなっていただろうか.

くわえて今後は,情報の非対称性という側面だけでなく,ウィークタイズに象徴される,その収集・活用経路をどのように経済学のなかで理解を示していくかが,大きな課題になるだろう.たとえば,将来に対する「期待」がどのようにして形成されるかを把握することは,あらゆる経済現象の理解につながる.失業についていえば,「希望する仕事がない」という「希望」がどのように形成されるのかが明らかにされないかぎり,適切な失業対策は考えられない.将

来への期待や希望を形成するとき，人はなんらかのかたちで情報を収集，選別し，意識的，無意識的に判断をしているはずである．だとすれば，そのときの情報をいかにして集め，活用しているかが，問われることになる．

社会学のなかで蓄積されてきたウィークタイズの解明が，今後の経済学やそれに基づく政策にも不可欠な知識となる．渡辺（2001）で指摘されたジョブ・マッチングにおけるネットワークの効果についての社会学の蓄積をどのように経済学では分析し，それを経済政策や雇用政策に適切に結びつけていくことができるだろうか．雇用政策にしても，これまでの金銭的助成策が限定的な効果しかもちえなかったことを踏まえながら，求人，求職の両者にとって本当に有効な情報提供策を構築することが求められている．

実際，労働経済学のなかでも，阿部（2001）や黒澤（2002）のような独自なデータ収集と緻密な推計による優れた実証研究が登場しはじめた．このような研究蓄積のなかで，ネットワークの理論的意味合いを，社会科学全体として一層明確にしていかなければならない．深刻な社会問題の解決という共通目的をもつ研究領域として，社会学と経済学の融合を進めることが，労働市場のなかのネットワーク研究の発展と，深刻化を増す雇用環境のなかでの効果的な雇用・失業対策を模索するうえで求められているのである．

参考文献

阿部正浩（2001），「企業と求人募集―求人情報の出し方とマッチングの効果」『日本労働研究雑誌』第495号，3～18ページ．

小川明（1991），『表現の達人・説得の達人』TBSブリタニカ．

苅谷剛彦（2002），「書評―『仕事のなかの曖昧な不安』」，『日本労働研究雑誌』505号．

グラノヴェター，M.（1998），『転職―ネットワークとキャリアの研究』渡辺深訳，ミネルヴァ書房．

黒澤昌子（2002），「円滑な転職のための環境整備―知らせる仕組みと知る仕組み」佐藤博樹・玄田有史編『成長と人材―伸びる企業の人材戦略』勁草書房．

玄田有史（2001），『仕事のなかの曖昧な不安―揺れる若年の現在』中央公論新社．

渡辺深 (1991),「転職—転職結果に及ぼすネットワークの効果」『社会学評論』第 42 巻,第 1 号.
渡辺深 (2001),「ジョブ・マッチング—情報とネットワーク」『日本労働研究雑誌』495 号,19〜27 ページ.
Gibbons, R. and L. Katz (1991), "Layoffs and Lemons", *Journal of Labor Economics* 9 (January), pp. 351-380.

第5章　再就職する女性たち
　　——両立支援に向けて——

藤田由紀子

1. はじめに

　女性の働き方を規定する要因は多数あるが，結婚・出産はライフコースを通しての働き方にもっとも大きな影響を与えるライフイベントといってよい．これらによって退職するか否か，また退職しない場合にもどのような働き方で仕事をしていくのかの意思決定に直面する．退職する人は，退職する時点や，子供が大きくなってから仕事を再開するか否か，するのであればいつ，どのような働き方で，またどのような仕事内容で再開するのか等を考える．男性に比べて家庭の責任をより多く担っている女性にとって，結婚・出産後の働き方はこれらのイベントと無関係に決定することはむずかしい．

　日本女性の働き方は，結婚・出産後に一度退職をし，子供の手が離れてからパートなど非正規雇用者として再就職する，いわゆる「M字型就労」の形をとることがマクロデータから明らかになっている．しかし，個票データから，退職年齢や再就職時の年齢，無業期間や再就職以降の働き方などを明らかにした調査はほとんどみられない．そこで本章は，現在就業している有配偶女性に焦点をあて，調査による個票からそれらを明らかにすることを目的とした．

　分析は2000年に実施した㈶生命保険文化センター「ワークスタイルの多様化と生活設計に関する調査」（以下，「ワークスタイル調査」）の調査データを用いた．

　まず第2節では，現在就労している有配偶女性について，退職後の無業期間が1年以上の退職経験者の割合や，無業期間，再就職時の本人と子供の年齢について明らかにした．さらに退職経験の有無によって，現在の収入や勤務日

数・勤務時間，仕事の満足度等がどの程度異なるのかについて明らかにした．第3節では，有配偶女性はどのような働き方を望んでおり，現在の働き方とギャップがある割合がどの程度あるのか．また何を望んでいるのか．第4節では，結婚や出産などによって退職をした有配偶女性は，退職した時点で再就職を予定していたかどうか，すなわち意図的再就職者と非意図的再就職者の割合や，それぞれのグループがどのような働き方を望み，無業期間にどのような再就職のための準備行動をとったのか．あるいはそれぞれのプロフィール等についてみた．

これらを通して，結婚，出産は退職を促すばかりでなく，無業期間を長期化することで，たとえ正規雇用として働くことを望んでいても，それを困難にすること．ただ，無業期間が短いと，正規で働く可能性は高まる．そのためか，退職時に再就職を予定している人は，無業期間を短くする傾向があり，子供の数が少ない傾向があることもわかった．また，再就職する時点で非正規として働き始めると，10年以上もそのままの身分で働く可能性が高いようである．すべての女性が，子育て後に非正規雇用として再就職し，その後数十年にわたり非正規雇用として働くことを望んでいるわけではない．出産・子育ての時期に，数年間，退職するか，子育てと両立できる働き方をしたいと望むと，その後の働き方は，望むと望まざるにかかわらず非正規雇用として働き続けるしかない現状が，子育てと仕事が，いまだに二者択一に近い選択肢でしかないことを示している．

出産を機に退職して子育てや家事に専念し，その後，正規，もしくはそれに近い身分で働きたいと願う女性が多くいるという現実，また家計にとって収入の安定性を確保するためにも，妻の就業の重要性は高まっている，という現実がある．これらを踏まえると，多くの女性が，安心して，望む数だけ子供をもち，育てられる環境整備の一貫として，また，キャリアを積んでいく再就職者の能力活用のために，女性自身が望んでいる求人年齢制限の撤廃や職安機能の強化，あるいは非正規から正規雇用者（その逆も）へ転換できる制度や，正規雇用とパートの中間的な制度，さらに数年間のブランクのある人が仕事の能力を磨くチャンスの提供など，きめ細かな支援策が必要ではなかろうか．

2. 有配偶女性の退職経験と働き方の関係

2.1 女性対象者属性

まず,「ワークスタイル調査」対象者の女性の属性を簡単にみておこう. 年齢階級別の働き方(正規雇用, 非正規雇用, 自営業・自由業)をみると(図5.1),『労働力特別調査』に比べて, 20代を除く30〜50代で正規雇用者割合が低く, 逆に非正規雇用者と自営業・自由業割合が高い. 表には示さなかったが, 管理職はわずか1.5%で, 事務職28.0%, サービス・保安職21.4%, 専門職17.0%, 販売・営業職16.5%である. また, 30人以下の企業で働いている割合は50.1%とかなり高い. 1,000人以上の企業で働いている割合は全体で13.8%, 正社員・公務員は25.8%である.

平均年齢は38.5歳, 未既婚割合では, 未婚者が26.3%, 有配偶者が62.7%, 離死別者が9.6%である. 主な収入による昨年の年収は234.6万円. 現在の仕事の就業年数は9.3年で, 労働時間は週4.8日, 1週間35.5時間で, 1日当たりの平均労働時間は7.4時間である.

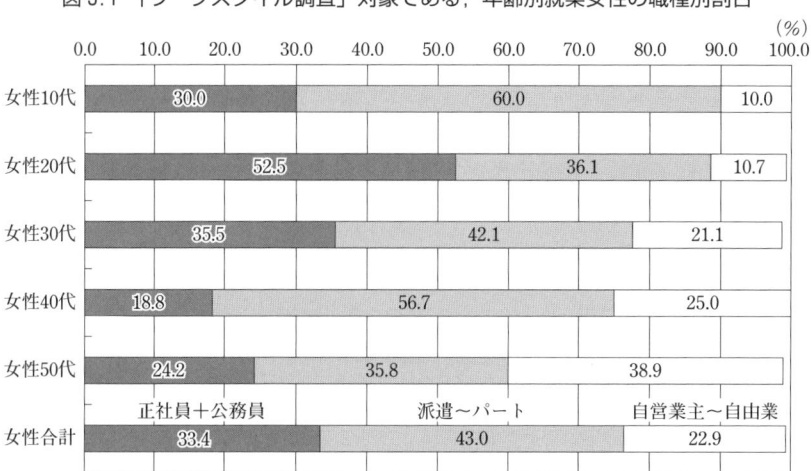

図5.1 「ワークスタイル調査」対象である, 年齢別就業女性の職種別割合

	正社員+公務員	派遣〜パート	自営業主〜自由業
女性10代	30.0	60.0	10.0
女性20代	52.5	36.1	10.7
女性30代	35.5	42.1	21.1
女性40代	18.8	56.7	25.0
女性50代	24.2	35.8	38.9
女性合計	33.4	43.0	22.9

2.2 有配偶の就業女性における，退職経験割合，退職者の無業期間や再就職時の本人・子供の年齢

(1)就業女性に占める，過去に退職して1年以上の無業期間を経験した者の割合

さて，2.1節の属性を押さえたうえで，次に女性就業者について，過去に退職して，その後1年以上の無業期間があった人（以下，「退職無業経験者」）の割合をみてみよう．

表5.1からこれをみると，「就業女性全体：59.5％」「未婚女性：17.8％」「有配偶女性：75.3％」「有配偶・子供あり女性：82.8％」となっている．

このことから，現在働いている女性でも，結婚，出産を経験している女性は，過去に退職して1年以上無業であった期間がある割合が高く，再就職によって現在の仕事についている割合が高いことがわかる．男性の退職無業経験者割合は，未既婚や子供の有無によって差はみられず，一貫して2～3％にとどまっているのとは対照的である．

(2)再就職した有配偶女性の，無業期間と再就職時の本人・子供の年齢

では，一度退職した女性は，どの程度の無業期間を経て，また本人や子供の年齢が何歳の頃に再就職にいたったのだろうか．表5.2に，退職無業経験のあるものについての，無業期間や再就職時の子供の年齢等について示した．

まず無業期間をみると，「就業女性全体：8.5年」「有配偶女性：9.4年」「有配偶・子供あり女性：9.7年」である．

現在の仕事を始めた時の本人と子供の年齢をみると，「有配偶・子供あり女性」では，本人が35.6歳で長子が9.1歳，末子が5.5歳である．つまり末子が小学生になる頃に，現在の働き先での就労を再開している．

表5.1 現在就業している「女性」のうち，退職して1年以上無業期間があった者の割合

		(%)
就業女性全体	N=407	59.5
未婚	N=107	17.8
有配偶	N=255	75.3
有配偶・子供あり	N=221	82.8

表5.2 1年以上無業期間があった者の,無業期間,子供の年齢

		本人年齢(歳)	配偶者年齢(歳)	結婚年齢(歳)	子供数(人)	無業期間(年)	再就職時		
							本人年齢(歳)	長子年齢(歳)	末子年齢(歳)
就業女性全体	N=242	43.5	—	—	—	8.5	—	—	—
有配偶	N=192	44.7	48.0	24.8	2.01	9.4	35.3	8.9	5.3
有配偶・子供あり	N=183	44.9	48.1	24.6	2.11	9.7	35.6	9.1	5.5

2.3 現在の働き方別の,退職経験,再就職時の本人・子供の年齢

(1)現在の働き方別にみる,過去に退職無業期間を経験した者の割合

ところで,先にみた,過去に退職後1年以上の無業期間を経験した者の割合は,現在の働き方によって異なるだろうか.現在の就業状態を,①正規雇用,②非正規雇用(パート・アルバイト,契約社員,派遣社員),③自営・自由業の3パターンに分け,それぞれの働き方別に,この割合を比べてみよう(表5.3).なお,非正規雇用のうち,パート・アルバイトの占める割合は就業女性全体の約8割,有配偶女性の9割を占める.

「就業女性全体」「有配偶女性」「有配偶・子供あり女性」いずれも,過去に退職して1年以上の無業期間を経験した者の割合は,②非正規雇用でもっとも高い(就業女性全体76.0%,有配偶女性90.5%,有配偶・子供あり女性96.5%).反対にもっともその割合が低いのは,①正規雇用である(就業女性全体39.0%,有配偶女性54.9%,有配偶・子供あり女性72.2%).しかし正規雇用でも「有配偶・子供あり女性」では,退職無業経験者の割合は約7割と高い.

表5.3 現在の働き方別にみた,就業女性のうち,退職して1年以上無業期間があった者の割合

(単位:%)

		現在の働き方			
		正規雇用	非正規雇用		自由・自営業
				パート・アルバイト	
就業女性全体	N=407	39.0	76.0	77.8	58.3
未婚	N=107	15.9	20.6	10.0	20.0
有配偶	N=255	54.9	90.5	91.3	64.1
有配偶・子供あり	N=221	72.2	96.5	95.9	65.7

ただ，雇用者として働いている女性は，①正規，②非正規いずれも，就業女性全体→有配偶女性→有配偶・子供あり女性の順に退職無業経験者割合が高い．一方，③自由・自営業では，「就業女性全体」「有配偶女性」「有配偶・子供あり女性」ともに一貫して退職無業経験者の割合は6割程度である．これは，結婚・出産が無業経験割合を高めるのは，雇用者（正規・非正規）の特徴であり，企業の関与の度合いが高いことを示している．

(2)現在の働き方別にみる，退職無業経験のある「有配偶・子供あり女性」の無業期間，再就職時の本人・子供の年齢

次に，現在の働き方別に「有配偶・子供あり女性」のうち，退職無業を経験した者が，どの程度の無業期間を経て，また本人・子供が何歳の時に再就職をしたのかについてみてみよう．

表5.4からこれらをみると，現在の働き方が，非正規雇用である者は，再就職時は本人37.4歳，長子11.1歳，末子7.6歳であり，無業期間は10.5年を経ていたことがわかる．これに対して，正規雇用では，再就職時の本人年齢は33.5歳，長子6.7歳，末子3.4歳，無業期間は7.5年．自営・自由業では，本人33.7歳，長子6.7歳，末子2.8歳，無業期間は8.9年である．

つまり，現在，正規雇用や自由・自営業として働いている「有配偶・子供あり女性」は，非正規で働いている「有配偶・子供あり女性」に比べて，無業期間が短く，再就職時の本人年齢，末子年齢が低い．

これをみると，結婚・出産によって退職無業を経験し，再就職する場合は非正規雇用として働く確率の高い「有配偶・子供あり女性」だが，無業期間が短いと，正規雇用として再就職する可能性がわずかながらでも高まるのではない

表5.4 1年以上無業期間があった「有配偶・子供あり女性」の，無業期間，子供の年齢

現在の働き方	本人年齢（歳）	配偶者年齢（歳）	結婚年齢（歳）	子供数（人）	無業期間（年）	再就職時		
						本人年齢（歳）	長子年齢（歳）	末子年齢（歳）
正規雇用　　N=26	46.9	50.0	24.1	2.12	7.5	33.5	6.7	3.4
非正規雇用　N=111	43.6	47.2	24.6	2.14	10.5	37.4	11.1	7.6
自由・自営業 N=46	46.9	49.2	24.7	2.04	8.9	33.7	6.7	2.8

かと思われる．

(3) 現在の働き方と，退職無業経験の有無，無業期間との相関関係

(1)は，有配偶女性のうち，現在非正規雇用として働いている人の「退職無業経験」割合は，正規雇用として働いている人のそれに比べて高いこと．(2)では，退職無業期間を経て再就職している有配偶女性のうち，現在正規雇用として働いている人の無業期間は，非正規雇用として働いている人のそれより短いことをみた．

つまり，退職無業経験の有無や無業期間の長さは，現在の働き方を決定する重要な要因になっているのではないだろうか．これを確認するために，現在の働き方が正規か非正規雇用かの働き方と，(a)退職無業経験の有無，(b)無業期間との相関をみた．結果は表5.5に示したとおりである．

これをみると，「有配偶女性」「有配偶・子供あり女性」いずれも，(a)退職無業経験があり，また(b)無業期間が長いほど，現在の働き方が非正規雇用である傾向がみられる（相関は，いずれも1%水準で有意）．

さらに，退職無業経験者に限って(b)無業期間との相関をみたが，「有配偶女性」「有配偶・子供あり女性」いずれも5%水準で有意な相関がみられた．

やはり，退職経験があるかどうか，そして退職した場合は無業期間の長さが，

表5.5 現在の働き方（正規雇用か非正規雇用か）と，退職無業経験の有無，無業期間との相関関係（「有配偶女性」の，非正規雇用と正規雇用のみ）

			現在の働き方 (正規雇用＝1, 非正規雇用＝2)	
			相関係数	有意水準
有配偶女性	N=174	(a)無業期間	0.37	＊＊＊
		(b)退職経験の有無	−0.44	＊＊＊
1年以上の無業経験者のみ	N=142	(a)無業期間	0.19	＊＊
有配偶・子供あり女性	N=148	(a)無業期間	0.33	＊＊＊
		(b)退職経験の有無	−0.44	＊＊＊
1年以上の無業経験者のみ	N=137	(a)無業期間	0.18	＊＊

＊＊＊：$p<0.01$　＊＊：$p<0.05$　＊：$p<0.10$
退職経験有無：経験あり＝1，なし＝0

正規雇用として働くか非正規雇用として働くかを決定する重要な要因となっているといえそうだ．

2.4 退職無業経験者の「現在の働き方別」にみる，労働時間・労働日数，年収の比較

過去に退職して1年以上の無業期間を経験することや，再就職後の働き方によって，収入や雇用の安定，勤務時間，勤務日数などにどのような差がみられるだろうか．これらについての検討を行いたいのだが，就労継続をしたサンプルが少ないために，退職の有無による差をみることはむずかしい．そのためここでは，退職無業を経験した者にサンプルを限定して，現在の働き方別に，労働時間・労働日数，年収等の比較を行った．また，本人年齢をそろえるため，比較するサンプルは，「有配偶・子供あり女性」に限った．

子育て後の再就職を非正規雇用か正規雇用で行うかによって，労働時間，労働日数や年収は大きく異なることが表5.6からみてとれる．非正規雇用者は，1週間4.2日，22.5時間働いているのに比べて，正規雇用者は，1週間5.2日，42.5時間働いている．つまり，1週間の労働日数は1日しか違わないが，労働時間では20時間も，正規雇用者のほうが長いのである．

一方，調査時点の1年前である1999年1年間の年収は，非正規雇用者では101.0万円であるのに対して，正規雇用者では420.6万円と4倍以上の開きがある．時給では非正規雇用者は861円，正規雇用者は1,898円である．見方を変えれば，1週間の労働時間を20時間短くするために，年間319.6万円，時給にして1,037円を使っているということになる．

これが高いか妥当かの判断は，次節でみるように，少なくとも，現在の働き方を本人が望ましいと考えているか否かにもよるだろう．

3. 有配偶女性の現実と理想の働き方

3.1 有配偶女性の現在の働き方と希望する働き方

過去に退職無業を経験した有配偶女性，とくに「有配偶・子供あり女性」の現在の働き方は，多くが非正規雇用である．一方，サンプルは少ないが，結

第5章 再就職する女性たち

表5.6 退職後1年以上の無業期間がある「就業女性」の労働日数、労働時間、年収

		本人年齢(歳)	配偶者年齢(歳)	結婚年齢(歳)	子供数(人)	退職して1年以上の無業期間がある者					
						1週間の労働日数(日)	1週間の労働時間(時間)	本人の主な年収(万円)	希望する本人年収(万円)	配偶者年収(万円)	夫婦年収(万円)
就業女性全体	N=242	43.5	—	—	—	4.7	32.0	198.3	386.1	—	—
有配偶	N=192	44.7	48.0	24.8	2.0	4.6	29.6	174.2	373.2	755.3	911.6
有配偶・子供あり	N=183	44.9	48.1	24.6	2.1	4.6	29.4	166.1	367.3	761.8	913.2
現在の働き方 正規雇用	N=26	46.9	50.0	24.1	2.1	5.2	42.5	420.6	518.2	844.3	1,220.3
非正規雇用	N=111	43.6	47.2	24.6	2.1	4.2	22.5	101.0	162.5	674.8	747.3
自由・自営業	N=46	46.9	49.2	24.7	2.0	5.0	38.8	166.7	896.2	955.8	1,211.4

表5.7(a) 「有配偶・子供あり女性」の，'現在の働き方' 別にみる '希望する働き方' と，それらが不一致な者の割合 (単位：％)

				希望する働き方				不一致者割合
				正規雇用	非正規雇用	自由・自営業	横合計	
有配偶・子供あり女性			N=221	33.0	36.7	27.6	97.3	41.2
現在の働き方	正規雇用		N=36	66.7	13.9	19.4	100.0	33.3
	非正規雇用		N=115	27.8	57.4	12.2	97.4	42.6
	自由・自営業		N=70	24.3	14.3	57.1	95.7	42.9

表5.7(b) 退職後1年以上の無業期間の有無別，「有配偶・子供あり女性」の，'現在の働き方' 別にみる '希望する働き方' と，それらが不一致な者の割合

＜退職し，1年以上の無業期間を経た経験が「ない」グループ＞ (単位：％)

				希望する働き方				不一致者割合
				正規雇用	非正規雇用	自由・自営業	横合計	
有配偶・子供あり女性			N=37	32.4	13.5	51.4	97.3	27.8
現在の働き方	正規雇用		N=10	70.0	0.0	30.0	100.0	30.0
	非正規雇用		N=4	50.0	25.0	25.0	100.0	75.0
	自由・自営業		N=23	13.0	17.4	65.2	95.7	34.8

＜退職し，1年以上の無業期間を経た経験が「ある」グループ＞ (単位：％)

				希望する働き方				不一致者割合
				正規雇用	非正規雇用	自由・自営業	横合計	
有配偶・子供あり女性			N=181	32.8	41.5	23.0	97.3	42.1
現在の働き方	正規雇用		N=26	65.4	19.2	15.4	100.0	34.6
	非正規雇用		N=111	27.0	58.6	11.7	97.3	41.4
	自由・自営業		N=44	27.3	13.6	54.5	95.5	45.5

婚・出産後も就労を継続している女性雇用者の多くは，正規雇用である．では，「有配偶・子供あり女性」は，それぞれ，現在の働き方を望ましいと考えているのだろうか．

表5.7(a)は，「有配偶・子供あり女性」について，現在の働き方と希望する働き方の組み合わせをみたものである．

「有配偶・子供あり女性」が希望する働き方は，正規雇用33.0％，非正規雇用36.7％，自由・自営業27.6％とほぼ3分された．

これらを現在の働き方別にみると，正規雇用のほぼ7割，非正規雇用，自由・自営業のほぼ6割の人が，現在の働き方と同じ働き方を望んでいることがわかる．

一方，表5.7(b)から，これを退職無業経験の有無別にみると，'経験なし'グループでは，希望する割合がもっとも高い働き方は「自由・自営業」（51.4％）であるのに対して，退職・無業経験が'ある'グループは「非正規雇用」（41.5％）として働くことを希望する割合が高い．正規雇用として働くことを望んでいる割合は，退職無業経験の有無にかかわらず，いずれも3割程度である．

また，現在の働き方と望む働き方が不一致である割合は，退職無業の経験の'ある'グループで42.1％，'ない'グループで27.8％と，退職無業経験があるグループのほうが，不一致割合が高い．

3.2 現在の働き方と希望する働き方が不一致であるグループが，希望する働き方

表5.7(a)で示した，現在の働き方と希望する働き方が一致している／不一致であるグループは，それぞれどのような働き方を望んでいるのだろうか．表5.8からこれを「有配偶・子供あり女性」についてみると，現在の働き方と希望する働き方が「不一致」なグループでは，正規雇用（57.6％）を望む割合が高く，「一致」しているグループでは，非正規雇用（50.8％）を望む割合が高い．

これらを，現在の働き方別にみると，現在「非正規雇用」の約7割，「自

表5.8(a) 「有配偶・子供あり女性」の，'現在の働き方'と'希望する働き方'が一致／不一致グループ別にみる希望する働き方　　　　　　　　　　　　（単位：％）

	'現在の働き方'と'希望する働き方'が不一致なグループ (N=85)				'現在の働き方'と'希望する働き方'が一致しているグループ (N=130)			
	希望する働き方				希望する働き方			
	正規雇用	非正規雇用	自営・自由業	合計	正規雇用	非正規雇用	自営・自由業	合計
有配偶・子供あり女性	57.6	17.6	24.7	100.0	18.5	50.8	30.8	100.0

表5.8(b) 現在の働き方が希望する働き方と不一致な「有配偶・子供あり女性」の，現在の働き方別にみる'希望する働き方' (単位：%)

〈有配偶・子供あり女性〉			希望する働き方 (N=85)			合計
			正規雇用	非正規雇用	自由・自営業	
現在の働き方	正規雇用	N=11	0.0	41.7	58.3	100.0
	非正規雇用	N=60	69.6	0.0	30.4	100.0
	自由・自営業	N=12	63.0	37.0	0.0	100.0

由・自営業」の約6割が「正規雇用」として働くことを望んでいる．逆に現在「正規雇用」の約4割の人は「非正規雇用」として，約6割の人は自由・自営業として働くことを望んでいる．

　つまり，過去に退職無業期間を経験し，その後再就職し，非正規雇用として働いている割合が高い「有配偶・子供あり女性」だが，そのようなパターンで働いている「有配偶・子供あり女性」のうち，現在の働き方と希望する働き方とが不一致なのは約4割で，このうち約7割が正規雇用として働くことを希望していることになる．

3.3　有配偶女性が，仕事に求める事柄

　ところで表5.7，表5.8でみた「希望する働き方」は，どのような事柄を意識したうえでの回答なのだろうか．男性や未婚者を含めた調査対象者である「就業者全体」と「有配偶・子供あり女性」について，それぞれが選んだ理由を，希望する働き方別に表5.9に示した．

　「有配偶・子供あり女性」では，「都合にあわせて働ける」(40.3％)の回答率がもっとも高く，次の「長期勤続ができる」(26.7％)とは10ポイント以上の開きがある．男性や未婚者を含めた「全体」でもっとも回答率の高い項目は「自分で判断して仕事が進められる」(35.2％)，「自分の能力が発揮できる」(33.0％)であるが，「有配偶・子供あり女性」ではこれらはいずれも，24.9％，19.0％の回答率にとどまっている．逆に，「有配偶・子供あり女性」でもっとも回答率の高い「都合にあわせて働ける」は，全体では24.5％にとどまっている．

　「有配偶・子供あり女性」は，就業者全体では重要視されているこれら「自

第5章　再就職する女性たち

表5.9　希望する働き方を選んだ理由（複数回答）　　（単位：%）

希望する働き方 を選んだ理由			(1) 自分で判断して仕事が進められる	(2) 自分の能力が発揮できる	(3) 長期勤続ができる	(4) 収入が定してる	(5) 努力に応じて収入が高くなる	(6) 仕事の内容が自分に適している	(7) 都合にあわせて働ける
全体（男性，未婚者含む）		N=1,019	35.2	33.0	31.7	29.8	28.1	26.7	24.5
希望する働き方	正規雇用	N=458	15.7	17.5	53.9	60.0	14.0	24.7	4.6
	非正規雇用	N=130	16.9	14.6	10.0	5.4	12.3	20.8	66.9
	自由・自営業	N=431	61.5	55.0	14.6	5.1	47.8	30.6	32.9
有配偶・子供あり女性		N=221	24.9	19.0	26.7	26.2	16.7	23.1	40.3
希望する働き方	正規雇用	N=73	9.6	8.2	52.1	69.9	12.3	16.4	4.1
	非正規雇用	N=81	16.0	12.3	8.6	4.9	7.4	21.0	69.1
	自由・自営業	N=61	55.7	42.6	23.0	3.3	34.4	36.1	45.9

希望する働き方 を選んだ理由			(8) 雇用が安定している	(9) 専門的な資格・技能が生かせる	(10) 退職金・年金が充実している	(11) ネットワークが広がる	(12) 福利厚生が充実	(13) 通勤時間が短い	(14) 高収入が得られる
全体（男性，未婚者含む）		N=1,019	23.6	19.4	17.8	16.1	14.6	12.2	11.7
希望する働き方	正規雇用	N=458	49.1	9.0	38.4	14.4	31.0	7.9	5.9
	非正規雇用	N=130	3.1	10.0	1.5	6.2	3.1	24.6	3.1
	自由・自営業	N=431	2.6	33.4	0.7	20.9	0.7	13.0	20.4
有配偶・子供あり女性		N=221	20.8	12.2	20.8	10.4	13.1	19.9	5.0
希望する働き方	正規雇用	N=73	58.9	6.8	60.3	12.3	35.6	11.0	5.5
	非正規雇用	N=81	2.5	8.6	1.2	3.7	2.5	32.1	3.7
	自由・自営業	N=61	1.6	24.6	0.0	14.8	0.0	14.8	6.6

希望する働き方 を選んだ理由			(15) 勤務時間が短い	(16) 在宅勤務ができる	(17) 勤務日数が少ない	(18) 転居をともなう転勤がない	(19) 気軽に辞められる	(20) 昇進できる	その他
全体（男性，未婚者含む）		N=1,019	11.1	8.0	7.7	7.3	5.8	5.4	1.8
希望する働き方	正規雇用	N=458	11.4	0.2	5.0	8.1	2.0	11.6	1.3
	非正規雇用	N=130	39.2	4.6	32.3	4.6	32.3	0.0	3.1
	自由・自営業	N=431	2.3	17.4	3.0	7.2	1.9	0.5	1.9
有配偶・子供あり女性		N=221	25.3	8.6	16.3	5.4	12.7	2.7	2.3
希望する働き方	正規雇用	N=73	15.1	0.0	2.7	9.6	0.0	8.2	2.7
	非正規雇用	N=81	51.9	4.9	39.5	3.7	33.3	0.0	2.5
	自由・自営業	N=61	3.3	24.6	3.3	3.3	1.6	0.0	1.6

分の判断ですすめる仕事」「能力発揮」より，「都合にあわせて働ける」ことをなによりも重視していることがわかる．

ただし，「有配偶・子供あり女性」について，さらに希望する働き方別にこれらをみると，正規雇用，非正規雇用，自由・自営業を希望するグループごとに，希望する働き方を選んだ理由はかなり異なる．

「有配偶・子供あり女性」でもっとも高い回答率を得ていた「都合にあわせて働ける」は，このうち「正規雇用」を希望するグループではわずか4.1％にとどまっていて，逆にこのグループでは「収入の安定」(69.9％)，「雇用の安定」(58.9％)，「退職金・年金の充実」(60.3％)，「雇用の安定」(58.9％)，「長期雇用」(52.1％)をメリットとしてあげている割合が5割を超えている．一方「有配偶・子供あり女性」のうち「非正規雇用」を希望しているグループでは，「都合にあわせて働ける」は7割近くが回答しており，次いで「勤務時間が短い」が5割の回答率を得ている．「自由・自営業」を希望しているグループでは，「自分で判断して仕事をすすめられる」が5割を超えている．また，「都合にあわせて働ける」「能力発揮」も4割程度の回答率である．

このように，「有配偶女性」とひとくくりにできないほど，希望する働き方として求めていることは多様である．

3.2節で，現在非正規雇用として働いている者のうち，正規雇用として働くことを望んでいる割合が3割程度いることをみたが，この表5.9からそれは，非正規雇用として働いていては得ることのできない，「収入の安定」「雇用の安定」「退職金・年金の充実」を望んでのことではないかと類推される．

また，自由・自営業を希望する人では，「能力発揮」「自分の判断で仕事をすすめられる」といった，「全体」で回答率の高い項目と，非正規雇用で高い「都合に応じて働ける」といった項目がいずれもメリットとして意識されている．結婚し，子供を育てながら，同時にプロフェッショナルとして働きたいと望む女性のなかには，正規雇用でもなく，非正規雇用でもない働き方を模索している人々が多数存在していると思われる．

4. 再就職が意図的か非意図的かによって異なる，望む働き方，再就職準備と，子供の数

4.1 再就職者に占める意図的再就職者と非意図的再就職者の割合

　これまで，1年間以上の無業期間を経て再就職をした人を，1つのグループとして扱ってきた．しかし，退職した時点で再就職を意図していたのか，無業期間を経験しているうちに，次第に再就職をしようと思い立ったのかによって，これをさらに2つのグループに分けることができる．前者を「意図的再就職者」，後者を「非意図的再就職者」と呼んで，違いを比べてみよう．（ただし，意図的／非意図的再就職かについての有効サンプルは，これまでのものに比べて少なくなっている．）

　まず，表5.10(a)から，今回調査対象者のうち，退職後1年以上の無業期間を経て再就職をした，現在就業している有配偶女性について，これらの割合をみると，どちらもほぼ同じ割合であった（意図的再就職者は，有配偶女性48.2％，有配偶・子供あり女性46.8％）[1]．

　「有配偶・子供あり女性」について，現在の働き方別にみる「意図的再就職者」の割合は，正規雇用の60.0％，非正規雇用の50.0％，また自営・自由業

表5.10(a)　退職後1年以上の無業期間を経て再就職をした「有配偶女性」のうち，退職時に再就職を意図していた「意図的再就職者」割合

				退職時に再就職を考えていた「意図的再就職者」割合（％）
有配偶女性			N=83	48.2
	現在の働き方	正規雇用	N=11	63.6
		非正規雇用	N=12	50.0
		自由・自営業	N=83	25.0
有配偶・子供あり女性			N=79	46.8
	現在の働き方	正規雇用	N=10	60.0
		非正規雇用	N=58	50.0
		自由・自営業	N=11	18.2

1)　第4節でみる有効サンプルは，第2節でみたものに比べてかなり減っている．しかし，無業期間や現在の働き方の割合など，サンプルの特徴についてはほとんど変わらない．

表5.10(b) 意図的／非意図的再就職者別,希望する働き方と,それが現在の働き方と不一致な者の割合 (単位:%)

		希望する働き方			現在の働き方と希望する働き方が不一致な者の割合
		正規雇用	非正規雇用	自由・自営	
有配偶女性	N=83	28.9	50.6	15.7	32.5
意図的再就職者	N=40	42.5	42.5	15.0	45.0
非意図的再就職者	N=43	18.0	64.1	18.0	23.1
有配偶・子供あり女性	N=79	27.8	53.2	13.9	30.4
意図的再就職者	N=37	40.5	50.0	13.5	46.0
非意図的再就職者	N=42	18.4	65.8	15.8	21.1

(注) 意図的再就職者:退職時に再就職を「考えていた」
非意図的再就職者:退職時に再就職を「考えていなかった」

の18.2%である.現在正規雇用として働いている人でもっとも「意図的再就職者」の割合が高いが,非正規雇用でも約半分が退職した時点で,再就職を意識していたようだ.このような意識が,日本女性のライフステージを通じての働き方といわれるM字型就労を支えているのかもしれない.

4.2 意図的／非意図的再就職者の希望する働き方と現実との不一致割合

(1)意図的再就職者と非意図的再就職者の希望する働き方

表5.10(b)から意図的再就職者と非意図的再就職者の希望する働き方をみると,「有配偶・子供あり女性」の「意図的再就職者」は,「非意図的再就職者」と同様に「希望する働き方」として,非正規雇用をあげている割合がもっとも高い.しかし,その割合を比べると,「意図的再就職者」は,「非意図的再就職者」より正規雇用を希望している割合が12ポイント高く,逆に非正規雇用をあげている割合は16ポイント低い.

(2)意図的再就職者と非意図的再就職者の,現実と希望する働き方の不一致割合

一方,現在の働き方と希望する働き方が不一致である割合は,「意図的再就職者」のほうが「非意図的再就職者」に比べて高い(「有配偶・子供あり女性」のうち「意図的再就職者」46.0%,「非意図的再就職者」21.1%).

現在,「意図的再就職者」の多くは,「非意図的再就職者」と同様に,非正規雇用として働いている.しかし,「意図的再就職者」は「非意図的再就職者」

に比べて，正規雇用として働くことを希望している割合が高く，したがって希望と現実の働き方が一致していない割合が高いのである．

実際,「有配偶・子供あり女性」にとって，一旦退職し，無業期間を経た後に再就職する場合，正規雇用者として働くチャンスはかなり狭い．「自分の都合に合わせて働く」「労働時間が短い」ことを優先させる人にとっては，現状の働き方でも満足している割合が高いかもしれないが，雇用や収入の安定，退職金や企業年金など老後保障の充実，あるいは仕事での能力発揮を望む人にとっては，退職で失ったものはあまりに大きく感じられているのではなかろうか．

4.3 意図的再就職者と非意図的再就職者の無業期間における再就職準備と情報収集

先にみたように，約4割が正規雇用として働くことを望んでいる意図的再就職者だが，無業であった間，再就職にむけてなんらかの準備をしていただろうか．(1)準備，(2)再就職時の情報収集先についてみた（表5.11）．

なお，これらの結果は,「有配偶女性」「有配偶・子供あり女性」の差はほとんどないために,「有配偶・子供あり女性」の結果のみ示した．

(1)無業期間の再就職準備

まず，意図的／非意図的再就職者別に，退職して無業であった期間に，再就職のためにどのような準備をしていたかをみると,「有配偶・子供あり女性」のうち，非意図的再就職者の73.8％が,「特に何もしていなかった」と回答したのに対して，意図的再就職者ではその回答割合は27.0％とかなり低い（表5.11(a)）．

ただ具体的になにをしていたかをみると，意図的再就職者でも「新聞などの求人欄に目を通していた」(48.6％)がほぼ5割で，次いで回答割合の高い「働いている友人から情報を得ていた」(16.2％),「新聞の経済面には必ず目を通していた」(8.1％)割合はかなり低い．さらに「仕事のスキルが落ちないようにしていた」「資格の取得」については，5.4％が行っていたのみである．仕事の能力に対して，より一層の磨きをかけるというより'求人欄をみながら，年齢制限や条件などのいい再就職先を気にかけていた'再就職者が圧倒的に多

表5.11 意図的再就職者と非意図的再就職者別にみる，無業期間に行った再就職準備と再就職の情報入手先（複数回答） (単位：%)

	(N)	(a)仕事をしていなかった期間に行っていた事柄							
		新聞や雑誌の求人欄に目を通していた	働いている友人から仕事に関する情報を得ていた	新聞の経済面には必ず目を通していた	資格の取得に取り組んでいた	仕事のスキル(技能)が落ちないようにしていた	パソコンのスキル(技能)をみがいていた	その他	特に何もしていなかった
有配偶女性	83	33.7	12.0	4.8	4.8	3.6	2.4	7.2	50.6
意図的再就職者	40	52.5	20.0	7.5	5.0	5.0	5.0	10.0	25.0
非意図的再就職者	43	16.3	4.7	2.3	4.7	2.3	0.0	4.7	74.4
有配偶・子供あり女性	79	31.6	10.1	5.1	5.1	3.8	2.5	6.3	51.9
意図的再就職者	37	48.6	16.2	8.1	5.4	5.4	5.4	8.1	27.0
非意図的再就職者	42	16.7	4.8	2.4	4.8	2.4	0.0	4.8	73.8

(単位：%)

	(N)	(b)再就職の情報入手先								
		新聞・チラシの求人広告	友人・知人	雑誌の求人広告	ハローワーク(職業安定所)	以前の勤務先の同僚や上司	民間職業紹介機関	インターネット	学生時代の先生	その他
有配偶女性	83	45.8	39.8	9.6	6.0	6.0	1.2	0.0	0.0	4.8
意図的再就職者	40	52.5	42.5	17.5	10.0	7.5	0.0	0.0	0.0	2.5
非意図的再就職者	43	39.5	37.2	2.3	2.3	4.7	2.3	0.0	0.0	7.0
有配偶・子供あり女性	79	46.8	39.2	8.9	6.3	6.3	1.3	0.0	0.0	5.1
意図的再就職者	37	54.1	43.2	16.2	10.8	8.1	0.0	0.0	0.0	2.7
非意図的再就職者	42	40.5	35.7	2.4	2.4	4.8	2.4	0.0	0.0	7.1

(注) 意図的再就職者：退職時に再就職を「考えていた」
　　 非意図的再就職者：退職時に再就職を「考えていなかった」

いようである．もっとも，無業期間には子育てや家事を行っていたわけであり，そのなかで特別なスキルを身につける努力をすることは，現実的にはむずかしいのかもしれない．

　ただ，紙面の関係上ここでは図示していないが，「これまでの自己啓発経験」

第5章 再就職する女性たち 105

を別途集計した結果,「有配偶・子供あり女性」で自己啓発をこれまで行った経験のある割合は3割程度であるが,意図的再就職者はその割合が43.2%と,非意図的再就職者の28.6%に比べ14.6ポイント高い．意図的再就職者でも,無業期間にはあまり自己啓発を行っていないとしても,就業期間全体を通してみると自己啓発を行っている割合は高く,仕事に対する意欲は高いと思われる．

(2)再就職情報の入手先

再就職の情報入手先について(1)と同様に「有配偶・子供あり女性」についてみると,非意図的再就職者に比べて意図的再就職者の方が,多様な情報を得ているようだ（表5.11(b)）．しかしいずれも「新聞・チラシの広告」（意図的再就職者54.1%,非意図的再就職者40.5%）,「友人・知人」（意図的再就職者43.2%,非意図的再就職者35.7%）から情報を得た割合が高い．

非意図的再就職者はこれらの項目の他には10%を超えた項目はないが,意図的再就職者では「雑誌の求人広告」「ハローワーク」も10%を超えている．これらはいずれも,職を探すための意識的な行動をともなうものであり,積極的に再就職先を探した様子がみてとれるものである．ただ,その割合はそれぞれ16.2%,10.8%ときわめて低いといわざるをえない．

4.4 意図的再就職者と非意図的再就職者の無業期間,収入,子供の数

子供のいる有配偶女性のうち,意図的再就職者と非意図的再就職者では,無業期間や再就職時の年齢,年収,子供の数などに違いはみられるだろうか．これをみたものが表5.12である．

「有配偶・子供あり女性」の,意図的再就職者と非意図的再就職者では,年収や勤務時間,再就職時の子供の年齢などには統計的に有意な差はみられない．しかし無業期間や子供の数に差がみられている．

つまり意図的再就職者のほうが,平均で約4年ほど無業期間が短く（意図的再就職者約6.2年,非意図的再就職者約9.9年）,また子供の数が0.37人少ない（意図的再就職者1.89人,非意図的再就職者2.26人）．

これまでみてきたように,無業期間が短いほど,正規雇用として再就職する可能性が高く,意図的再就職者では正規雇用として再就職することを望む割合

表5.12 意図的／非意図的再就職者のプロフィール

	有配偶・子供あり女性		
	意図的再就職者 (N=37)	非意図的再就職者 (N=42)	平均の差の検定の有意水準
本人年齢（歳）	44.7	46.0	
配偶者年齢（歳）	48.7	49.0	
結婚年齢（歳）	24.6	25.0	
子供数（人）	1.89	2.26	**
再就時の本人年齢（歳）	34.2	35.4	
再就時の長子年齢（歳）	10.0	11.6	
再就時の末子年齢（歳）	7.6	7.0	
無業期間（月）	74.8	119.3	***
現在の仕事の就業年数（年）	8.3	7.7	
一週間の労働日数（日）	4.4	4.2	
一週間の労働時間（時間）	25.6	28.0	
本人年収（万円）	128.6	138.6	
配偶者年収（万円）	743.0	750.3	
夫婦年収（万円）	825.7	914.6	
生活満足度（満足：5～不満：1）	3.8	3.6	
仕事の満足度（満足：5～不満：1）	3.6	3.4	

（注）＊＊＊1％，＊＊5％．

が比較的高い．したがって，これは，結婚・出産を理由に退職をしたとしても正規雇用として再就職しようと強く望むのであれば，無業期間を短くし，そのためには子供の数を減らす選択をする可能性を否定できないことを示しているのではなかろうか．

5. 再就職をする女性に対する仕事と家庭の両立支援へ向けて

表5.13は，「有配偶・子供あり女性」について，望ましい働き方を実現するために必要と考える施策を，退職無業経験の有無，意図的／非意図的再就職者別に比べたものである．

これをみると，「有配偶・子供あり女性」全体でもっとも回答割合が高いのは，「年齢制限の撤廃」（25.7％）であり，「ハローワークの機能充実」（15.1％）がこれに続いている．

表5.13 「有配偶・子供あり女性」の就業者が,「希望する働き方」を実現するために必要と考えている施策(複数回答) (単位:%)

	(N)	求人年齢制限撤廃の法制化	ハローワーク(職業安定所)の機能強化	長期勤続者優遇の退職金制度の見なおし	配偶者控除制度の見なおし	自発的退職者が失業給付受給まで待機する期間(3ヵ月)の撤廃	失業手当給付期間の延長
有配偶・子供あり女性	218	25.7	15.1	13.3	12.4	10.6	9.2
退職無業 経験あり	181	27.6	16.0	14.4	13.8	11.0	9.9
経験なし	37	16.2	10.8	8.1	5.4	8.1	5.4
意図的再就職者	37	35.1	21.6	16.2	21.6	8.1	10.8
非意図的再就職者	42	23.8	19.0	4.8	9.5	7.1	7.1

	(N)	独立・開業時の支援の充実	米国の確定拠出型年金(401k)のような,転職先に年金を移管できるような年金制度	男女雇用機会均等法の強化	失業手当給付額の引き上げ	教育訓練給付制度の利用要件(5年に一度)の緩和	特にない
有配偶・子供あり女性	218	7.8	7.3	7.3	6.0	6.0	40.8
退職無業 経験あり	181	7.2	7.2	6.6	7.2	6.6	37.6
経験なし	37	10.8	8.1	10.8	0.0	2.7	56.8
意図的再就職者	37	8.1	13.5	10.8	8.1	2.7	24.3
非意図的再就職者	42	7.1	0.0	0.0	4.8	9.5	47.6

退職無業経験の有無別では,退職無業の経験がある者で,非経験者に比べて「年齢制限の撤廃」「ハローワークの機能充実」「長期勤続者優遇の見なおし」「配偶者控除制度の見なおし」「失業給付の待機期間の撤廃」などについての回答割合が高い.

一方,退職した経験をもつ人について,意図的再就職者か非意図的再就職者かによる違いをみると,意図的再就職者では,非意図的再就職者に比べて「年

齢制限の撤廃」や「配偶者控除制度の見なおし」「長期勤続優遇制度の見なおし」などの回答率が11～12ポイント高い．

これら3つの「求人年齢制限」「配偶者控除」「長期勤続優遇制度」は，結婚や出産によって退職し，その後再就職する女性，とくに退職時に再就職を意識する女性にとって，望ましい働き方を阻む壁と考えられているようだ．これらを見なおすことで，退職した後，無業期間を経て再就職をする人の働くチャンスが広がると考えられているのであろう．

子供のいる多くの女性が望んでいる「自分の都合に合わせた」働き方は，自分というより，むしろ家族の生活を優先させた働き方といえよう．家族の生活も大切にし，かつ自分の「能力発揮」もできる働き方を望んだ場合，それらを両立することができるような，自由業的な働き方のチャンスを広げたり，正規雇用・非正規雇用の垣根を低くし，それぞれの働き方を移行しやすくすることも必要であろう．再就職時には，まだまだ子供が幼く，仕事と家庭との両立を重視していたとしても，10年以上就労している間には，子供も成長し，家庭環境も大きく変わってくる．当初は慣れない仕事でも，キャリアが蓄積されれば，仕事に対する欲が出てくる人もあるだろう．そのような意欲を活かすためにも，ブランクがあっても，能力次第で収入やポジションを変えていくことができるような，フレキシビリティーの高い雇用環境の整備が必要ではなかろうか．

再就職時の選択が，その後10年以上も変えることができないような硬直的な雇用制度下では，より安定した雇用・収入や企業福利，あるいは能力発揮を望む女性は，出産によって一時的に退職を選択しても，無業期間を短くするために，子供の数を抑制する可能性がある．子育てのあいだ，自分の将来の働き方に対する不安でストレスを抱えるような環境は，家庭にとっても社会にとっても望ましいとはいえない．

もちろん，無業期間が7～9年と長く，その間に仕事に必要なスキルが変化していく可能性が高いことを考えると，再就職を考えた時点や，働きはじめてから後に，女性自身の仕事の技能を磨くような自己啓発も重要であろう．

これまでの，女性に対する家庭と仕事の両立支援は，正規雇用者として結婚・出産後も就労を継続する女性を意図したものがほとんどであった．しかし，

多くの女性は，子育て期間を大切にするために一時退職し，それが一段落してから仕事を再開したいと考えている．そのような女性のうち，とくに正規雇用，あるいはそれに近い働き方をしたいと望む女性にとって，一度退職をすると，望む働き方をする可能性が大きく低下する．望む働き方により近い働き方をする可能性を高めるために，無業期間を短くする，つまり子供の数を少なくしようとの意識を働かせたり，望んではいなくても，フルタイムでの就労継続という選択をすることになるかもしれない社会は，これだけ出生率が低下している社会にとって，望ましい状況だろうか．

EUの親子休暇は，子供にとって，親の存在が大切であるということを前提とし，そのうえで，子供が幼いときには親が充分に子育てに関わり，かつ仕事と家庭の両立を図れるような制度を整備している．それが社会にとって望ましい姿であるとしているからである．一方，日本の仕事と家庭の両立支援は，家庭・子供に対する配慮と，女性の仕事に対する配慮が分断されているのではなかろうか．この分断された政策を，現実に基づいたきめ細やかな制度でつないでいくことが求められているのではなかろうか．そのためにはまず，社会が，女性の仕事と家庭責任の両立についてどのような状態が望ましいのかについてのコンセンサスを作っていくことがなによりも大切であると思われる．

参考文献

武石恵美子（2003），「非正規労働者の基幹労働力化と雇用管理」『日本労務学会誌』第5巻第1号．

厚生労働省雇用均等・児童家庭局（2002），『パート労働の課題と対応の方向性』．

株式会社ニッセイ基礎研究所（2000），『勤労者家族問題研究会報告書―子供看護休暇制度の在り方についての検討結果』

財団法人東京女性財団（2000），『働き方を変えて，暮らし方を変えよう』．

樋口美雄（2000），「パネルデータによる女性の結婚・出産・就業」岡田章他編『現代経済学の潮流2000』東洋経済新報社．

前田信彦（2000），『仕事と家庭生活の調和―日本・オランダ・アメリカの国際比較』日本労働研究機構．

山崎隆志（1992），「諸外国における親休暇（育児休暇）の現状―欧州諸国を中

心に」『レファレンス』577, 国立国会図書館調査立法考査局.

"PERSPECTIVES", *International Labour Review*, Vol. 136, No. 1 (Spring), 1997

人口・世帯研究会監修, 大淵寛編集 (1995),『女性のライフサイクルと就業行動』大蔵省印刷局.

第6章 ワークスタイルの多様化と報酬制度
―― ふたつの多様化は整合するか ――

西久保浩二

1. ふたつの多様化

1.1 はじめに
　人々の働き方が自発的であれ，あるいは非自発的なものであれ，それまでの画一的なものから，多様なものへと変わろうする動きが目立ちはじめてきたようである．

　本章の関心は，そうしたワークスタイルの多様化という変化があると仮定したときに，もうひとつの変化とどのような関連性をもつかを検討することにある．すなわち，もうひとつの変化とは企業内にある処遇制度，とくに報酬制度において生じている多様な方向性をもつ変化である．

　ここでは，このふたつの変化の関連性に注目してみたい．企業外，企業内にさまざまなワークスタイルを志向し，実現しようという人々の動きが起こるとき，企業内の諸制度がどのように適応をすべきか，あるいは先行する制度側の変化によってワークスタイルの多様性をさらに高めるという側面もあるかもしれない．おそらく両変化は，かなりインターラクティブな部分をもつものであろう．いずれにしても，同時的に起こっているふたつの変化がシンクロナイズ（同期）するものなのか，それともコンフリクティング（葛藤的）なものかを確認してみたいと思う．

1.2 拡がる報酬制度における近年の変化
　これまでわが国の企業内には比較的類似した報酬制度が導入・運用されていた．いわゆる日本的雇用慣行と称されるシステムのなかで紹介される年功賃金,

あるいはその延長線上に設定された年功的退職金，さらには平等主義を標榜する手厚い福利厚生制度などである．1980年代以前のわが国の大企業層にあっては，細部においてそれぞれの企業の個性が若干反映されているかもしれないが，本質的部分においてほぼ同一の形式とメカニズムをもつそれらの制度が共有されていたものと考えられる．つまり，その時点においてわが国の報酬制度にはみるべき多様性が存在しなかったといえるのではないだろうか．

しかし，90年代に入ったあたりから，わが国での報酬制度[1]において変化が顕在化しはじめた．

これらの報酬制度に生じている変化は，いくつかのキーワードで表現することができるだろう．

ひとつは評価基準の変化としての「成果主義」もしくは「能力主義」へのシフトである．

年俸制や短期報奨金制度，さらには株価連動賞与や成果型退職金制度など，この範疇での具体例は数多い．それまでの年齢や勤続年数といった属人的基準によって比較的安定的な上昇カーブを享受できていた賃金や賞与などが，短期的な評価，非属人的な評価による変動的なものに変わりつつある．この変化は評価期間の短期化と言ってもよいだろうし，個別化ともいえる．年功主義は，結果的にみると企業の中長期的な成長を前提とし，この成長から得られた果実を平等に分け合おうとするものであった．すなわち，長い時間のなかで，得られた成果を共有しようという発想に基づくものである．しかし，成果主義とは，最終的には個人に焦点を当てながら，1年あるいは半期，3半期といった短期的な時間において評価を下し，また次の評価期間ではそれ以前の評価をゼロクリアしようという発想が根底にある．結果的には，個人間での格差や，個人における時間的な格差によってインセンティブを与えようとする制度であり，換言すれば，給付額の非連続性を志向する制度ともいえる．

次のキーワードとしてあげることができるのは「選択」であろう．

たとえば，福利厚生におけるカフェテリア・プランなどはその典型例である．

---

[1] ここでの議論での対象とする報酬制度は賃金制度，退職金制度，福利厚生制度を中心とし，もうひとつ教育訓練制度も教育機会やスキル・知識を取得という点で，従業員側に効用を与えるものと考え対象に加えている．

また，松下電器が98年に導入した「全額給与支払い社員制度」なども，従業員に福利厚生や退職金の非適用の選択肢を提示した点では，同一の動きとみることもできるだろう．また，企業内での教育訓練メニューにおいても，これまでのような階層別の画一的な体系を強制するのではなく，従業員個々が求める知識やスキル，資格などを個別に選択できるカリキュラムなどの導入が拡がりつつある．これまでは，単一共通の制度やベネフィットを全従業員に一律に適用するという形式が一般的であったのだが，いま起こっている変化は，企業は自社の従業員のために複数の選択肢を用意し，最終的な選択を従業員の自己責任に委ねようとする方向である．従業員側の価値観や生活背景，そして制度に対するニーズが多様化する過程でこうした動きが支持されはじめてきたのであろう．

　最後のキーワードは「賃金化」と呼べばよいだろうか．

　いま，もっとも目立つ動きは退職金制度における賃金化，すなわち前倒し支給の拡がりであろう．

　こうした変革を行った企業は，大企業層においてすでに10社を超えている．定年時に最高額を一括支給するという方式を捨てて，現役期の各月の給与や各賞与において，分割支給しようするものである．退職期給付ではなく，現役期給付になる．この動きは，制度的な対応を行ったケースだけではなく，退職金の軽量化という点からも観測されている．すなわち，モデル退職金を最終月収で除した月数に換算した場合，徐々にではあるが，確実に値が減少してきている[2]．つまり，定年退職時という最終的な時点で得られる報酬が，賃金との関係において相対的な重みが減りつつある．これまでの日本企業の採用した方式は，生涯に受け取れる報酬全体の配分を，年功賃金や年功退職金によってできるだけ後ろよりに重心を置くことであり，そのことで従業員の長期定着性を狙ってきたわけである．このような配分の基本的な考え方にも方向転換の兆しが出てきている．

　また，福利厚生制度においても，先の松下の例やリクルート社など賃金化を

---

[2] 中労委調査において標本企業での標準的な昇進によって得られるモデル退職金が，退職時の所定内月収の何月分に相当するかを算定すると，1975年時点で42.1月であったものが99年には，39.2月まで減少している．

はかろうとする動きがみられはじめている．こちらは，現物給付から，金銭給付といえばよいのだろう．これまでの日本企業は，占部（1978）らが「福利厚生主義」として指摘するように社宅や独身寮，保養所など施設を充実させて，従業員の生活領域にまで長期的かつ直接的に関与してきた．そこでは，現金ではなく現物給付に重点をおく福利厚生制度が基本であった．なぜ，日本企業が現物給付を志向したかという点については西久保（1998）を参照されたいが，経済の長期的成長過程という経営環境にあって経営的合理性が存在したことは間違いない．いずれにしても，従業員生活への直接的な高関与のための現物給付を捨てて，現金給付を選択しようとする企業が出てきていることは間違いない．

このように，報酬制度においてもさまざまな新しい動きが次々と出てきてお

表6.1 退職給付制度，福利厚生制度をめぐる近年の動き（企業事例）

	変化のパターン	企業名
退職給付	賃金化（前倒し支給）	松下電器，三和総研，コマツ，コナミ，HOYA，富士通，SME，シチズン精機，フレンドリー，シートゥー，岩田屋，（シャープ，富士電機）
	成果主義化（ポイント制含む）	ミスミ，ニコン，ライオン，トミー，アルプス電気，中外製薬，日野自動車，オー・ジー，安田信託，三和総研，藤沢薬品，三洋電気，東芝，ベネッセコーポレーション，日立製作所，日産自動車　他多数
	退職金制度の廃止	プライスウォーターハウス，大和証券，ロックフィールド，日本カノマックス，ワタミフード，スミダ電機，兼松テキスタイル，スミダコーポレーション
	独自型401k型年金の開発・導入 退職金，賞与なし採用 独自化	富士通，パソナ，THK，リコー 野村証券の地域限定営業職 プラザクリエイト，タケツーエステート　他多数
福利厚生	賃金化（現金支給） カフェテリア・プラン	松下電器，リクルート ベネッセコーポレーション，ファイザー製薬，西友，日本IBM，日本オラクル，日立クレジット，日本フィリップス，パソナ，資生堂，トヨタ自動車，日本ペイント，日本新薬，ヤクルト本社，三菱自動車工業，日本ハム，コクヨ，日立製作所，積水化学工業，三菱鉛筆　他
	雇用化（雇用機会との交換） 成果能力主義	髙島屋 パソナのカフェテリア・プラン

（資料出所）『労政時報』（労務行政研究所），『退職金・年金事情』（同左），『旬刊福利厚生』（労務研究所），『企業福祉』（産労総合研究所），『日経ビジネス』（日経BP）　その他報道資料等より筆者作成．

り，目が離せない状態にある．
　歴史的な変革期にあるといっても過言ではないと考えられる．本章では，このような報酬制度における近年の変化と，ワークスタイルの多様化がどのような関連性をもつかを今回，行った定量調査[3]をもとに探っていきたいと思う．

2. ワークスタイルと制度ニーズ

2.1　現在の適用制度

　今回の調査では，報酬制度とワークスタイルの関連性を捉えるために，表6.2にある19種類の設問表現を用意し，それぞれについて回答者が，(1)現在適用されている制度にあてはまるか，また現在の適用有無にかかわらず，(2)今後導入を希望するかどうか，という2点について尋ねてみた．
　まず，ワークスタイル別に現在，適用されている制度についての回答結果をみてみる．
　表6.3では正規雇用を前提とした9つのワークスタイルと4つの属性層[4]のそれぞれについて，19種類の制度すべてについて現時点で適用されている制度に「全くあてはまる」もしくは「やや当てはまる」と回答した比率を集計している．例としてもっともわかりやすいものは，ワークスタイルのなかの「安定給ワーカー」と「変動給ワーカー」である．定義にも用いた変数であるため当然だが「年功安定賃金」や「成果格差賃金」でそれぞれ該当するとの回答率が高くなっている．
　この表全体をみると，大半のワークスタイルや属性層において該当率が50％を超えている報酬制度がある．それは「年功安定賃金」「年功型退職金」「平等型福利厚生」の3つであり，現時点での多数派といってよいだろう．見方を変えると，これらが変化以前の時代，つまり多様化する以前にあって，日本企業に一般的に採用された制度であり，日本的雇用慣行を構成していた代表的な制度と位置づけてよいのであろう．おそらく，これらを起点としながら，先の3つのキーワードに示したような変化が起こり，報酬制度でも全体的にみ

---

3)　調査概要は本書179〜181ページを参照されたい．
4)　この合計13種類の分類については本書131ページのワークスタイルの定義一覧を参照．

表 6.2 報酬制度に関する設問表現

設問表現	略　称
(賃金制度)	
1. 年齢や勤続年数に応じて，少しずつだが安定して上昇する賃金制度	年功安定賃金
2. 評価次第で，毎年，大幅に上昇・下落することもある賃金制度	評価変動賃金
3. 成果や業績によって格差が生じる賃金制度	成果格差賃金
4. 能力評価によって格差が生じる賃金制度	能力格差賃金
5. 担当職務の違いによって格差が生じる賃金制度	職務格差賃金
(退職金制度)	
6. 勤続年数で自動的に上昇し，定年時に最高額を受け取れる退職金制度	年功型退職金
7. 自己都合でも，会社都合と比べ受取額が不利にならない退職金制度	自己都合非不利退職金
8. 同じ勤続年数での定年退職なら大きな差がない退職金制度	格差小さい退職金
9. 自分の運用次第で受給額が変わる退職金制度	自己運用依存退職金
10. 退職金を積み立てず，その分を毎年の賃金に上乗せする制度	退職金賃金化
(福利厚生制度)	
11. 従業員が一律・平等に利用できる福利厚生制度	平等型福利厚生
12. 従業員の生活面への経済的支援が中心の福利厚生制度	経済支援福利厚生
13. 従業員の能力開発やスキルアップの支援が中心の福利厚生制度	能力開発福利厚生
14. 社宅，独身寮，社員食堂等の現物給付の充実した福利厚生制度	現物給付福利厚生
15. ケガや病気など万一の時の支援や保障が中心の福利厚生制度	保障中心福利厚生
16. 一定の予算内で利用する制度を自由に選べる福利厚生制度	選択型福利厚生
17. 福利厚生制度を廃止しその分を賃金に上乗せする制度	福利厚生賃金化
(教育訓練制度)	
18. 現在の職務に直結したものが中心の教育訓練制度	職務直結教育
19. 転職や独立時にも有利になるような教育訓練制度	転職独立有利教育

て多様化の様相をみせてきたのである．印象だが，この表をみるかぎりにおいては，その動きがすでにかなり浸透しはじめているといってよいのではないだろうか．

2.2　新旧制度への今後の導入（継続）希望

　では次に，希望する報酬制度についてもワークスタイル毎にみてみよう．ここでは，上記の 19 種類の報酬制度に対して，「現在適用されているかどうかを問わずに，今後希望するか」，という設問に対して「全く賛成する」とした回答率をもとに，ワークスタイル間での希望レベルでの差異をとらえようとしている．ここで用いたワークスタイル分類はすべて正規雇用者であることから，正規雇用者全体での平均的な「全く賛成する」に対する回答率を基準とし，各

第6章 ワークスタイルの多様化と報酬制度　　117

表6.3 現在, 適用されている制度

	サービス残業者	テイクアウト・ワーカー	ナイト・ワーカー	安定給ワーカー	変動給ワーカー	自己啓発	夫婦フルタイム	シングルインカム	キャリア・サーファー	独身OL	ヤング・サラリーマン	熟年サラリーマン	高賃金ワーカー
年功安定賃金	67.2	66.7	69.4	96.6	52.3	62.1	67.1	74.2	57.7	71.2	73.2	72.0	67.9
評価変動賃金	20.7	22.2	22.2	0.0	100.0	28.8	15.3	25.3	29.7	22.0	22.5	17.1	24.5
成果格差賃金	36.2	50.0	41.7	21.8	78.1	63.6	36.5	51.0	41.4	40.7	39.4	39.0	63.2
能力格差賃金	37.9	48.1	45.8	21.8	82.0	62.1	40.0	52.6	34.2	37.3	40.8	41.5	59.4
職務格差賃金	51.7	50.0	38.9	39.1	53.1	45.5	38.8	38.7	34.2	44.1	46.5	35.4	44.3
年功型退職金	58.6	63.0	54.2	89.7	50.8	60.6	65.9	63.4	52.3	47.5	57.7	63.4	73.6
自己都合非不利退職金	22.4	22.2	23.6	31.0	18.8	22.7	22.4	17.5	9.9	13.6	16.9	23.2	18.9
格差大きい退職金	22.4	22.2	19.4	11.5	32.0	30.3	23.5	22.7	23.4	18.6	12.7	29.3	27.4
自己運用依存退職金	5.2	5.6	9.7	2.3	11.7	9.1	7.1	5.2	1.8	5.1	5.6	4.9	4.7
退職金賃金化	6.9	5.6	11.1	2.3	9.4	12.1	8.2	5.2	4.5	8.5	7.0	2.4	3.8
平等型福利厚生	41.4	70.4	61.1	75.9	60.9	72.7	68.2	67.0	51.4	57.6	59.2	70.7	84.0
経済支援福利厚生	10.3	25.9	22.2	24.1	28.1	25.8	12.9	23.7	11.7	22.0	25.4	22.0	27.4
能力開発福利厚生	13.8	20.4	18.1	14.9	27.3	25.8	15.3	17.0	18.9	16.9	28.2	19.5	21.7
現物給付福利厚生	13.8	27.8	30.6	32.2	25.8	31.8	32.9	31.4	17.1	13.6	32.4	34.1	33.0
保障中心福利厚生	27.6	44.4	36.1	47.1	30.5	30.3	42.4	37.1	22.5	30.5	31.0	37.8	42.5
選択型福利厚生	6.9	7.4	12.5	14.9	11.7	9.1	7.1	14.4	9.0	11.9	7.0	13.4	11.3
福利厚生賃金化	3.4	7.4	2.8	1.1	8.6	9.1	2.4	3.6	1.8	6.8	4.2	2.4	1.9
職務直結教育	27.6	35.2	37.5	34.5	39.1	40.9	31.8	35.1	30.6	32.2	42.3	29.3	43.4
転職独立有利教育	1.7	5.6	4.2	3.4	4.7	7.6	2.4	3.6	3.6	8.5	2.8	6.1	4.7

(注) 下線：該当率50%超.

ワークスタイル毎に集計されたそれぞれの回答率との乖離を求めることとした．たとえば，「成果格差給」に対する正規雇用全体での「全く賛成する」と回答した割合が50％であったとし，一方，ワークスタイルのひとつである「サービス残業者」での平均回答率が80％とすると両者の間には60％（80÷50＝1.6）の乖離があるとすることになる．

この方式によって，19種類の報酬制度すべてに対する13種類のワークスタイル等で乖離率を算出し，グラフ化したものが図6.1(a)から図6.1(c)である．

(1)高まる長時間ワーカーたちの不満

ワークスタイルでみると，まず「サービス残業者」では成果・能力主義などの賃金制度に対して強い希望をもち，反面，現在の適用率の高い年功型の安定給に対して否定的な反応が目立つ．対価の得られない長労働時間を強いられている働き方からすると，年功給では報われないと考えているのであろうか．また，退職金の賃金化や福利厚生の賃金化などに対しても「サービス残業者」では希望が明確であることにも特徴がある．短期的な評価による現金給付に関心が強いようである．

また，自宅に仕事をもち帰ってやらなければならないほど多忙な「テイクア

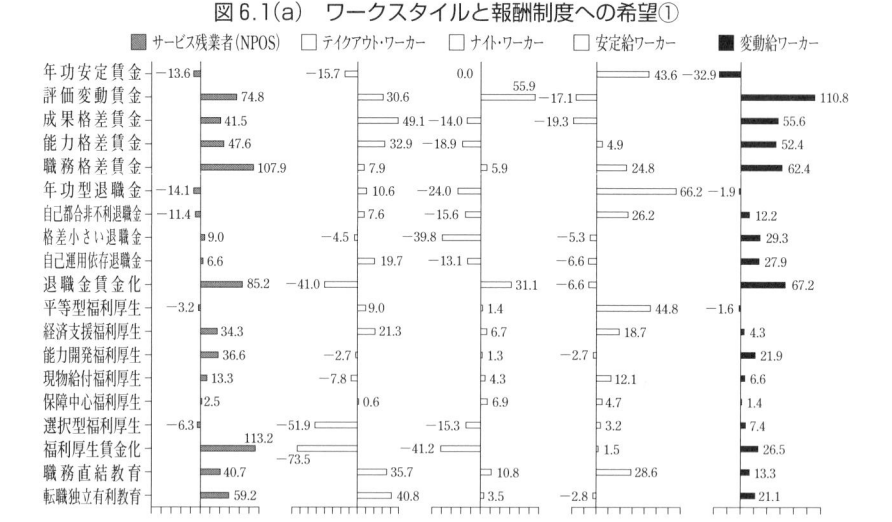

図6.1(a)　ワークスタイルと報酬制度への希望①

報酬制度	サービス残業者(NPOS)	テイクアウト・ワーカー	ナイト・ワーカー	安定給ワーカー	変動給ワーカー
年功安定賃金	-13.6	-15.7	0.0	43.6	-32.9
評価変動賃金	74.8	30.6	-17.1		110.8
成果格差賃金	41.5	49.1	-14.0	-19.3	55.6
能力格差賃金	47.6	32.9	-18.9	4.9	52.4
職務格差賃金	107.9	7.9		5.9	24.8	62.4
年功型退職金	-14.1	10.6	-24.0		66.2	-1.9
自己都合非不利退職金	-11.4	7.6	-15.6	26.2	12.2
格差小さい退職金	9.0	-4.5	-39.8	-5.3	29.3
自己運用依存退職金	6.6	19.7	-13.1	-6.6	27.9
退職金賃金化	85.2	-41.0	31.1	-6.6	67.2
平等型福利厚生	-3.2	9.0	1.4	44.8	-1.6
経済支援福利厚生	34.3	21.3	6.7	18.7	4.3
能力開発福利厚生	36.6	-2.7	1.3	-2.7	21.9
現物給付福利厚生	13.3	-7.8	4.3	12.1	6.6
保障中心福利厚生	2.5	0.6	6.9	4.7	1.4
選択型福利厚生	-6.3	-51.9	-15.3	3.2	7.4
福利厚生賃金化	113.2	-73.5	-41.2	1.5	26.5
職務直結教育	40.7	35.7	10.8	28.6	13.3
転職独立有利教育	59.2	40.8	3.5	-2.8	21.1

第6章 ワークスタイルの多様化と報酬制度

図6.1(b) ワークスタイルと報酬制度への希望②

■ 自己啓発者(W&S)　□ 夫婦ともフルタイム(DIFT)　☐ シングルインカム(SIHO)　□ キャリア・サーファー

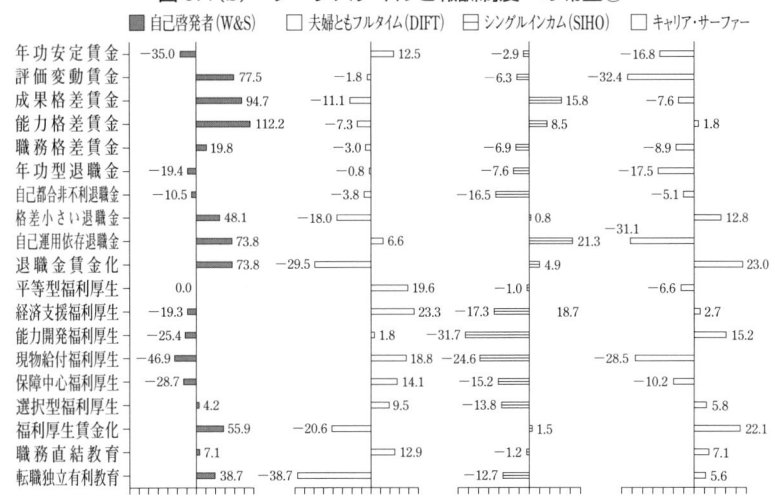

項目	自己啓発者(W&S)	夫婦ともフルタイム(DIFT)	シングルインカム(SIHO)	キャリア・サーファー
年功安定賃金	−35.0	12.5	−2.9	−16.8
評価変動賃金	77.5	−1.8	−6.3	−32.4
成果格差賃金	94.7	−11.1	15.8	−7.6
能力格差賃金	112.2	−7.3	8.5	1.8
職務格差賃金	19.8	−3.0	−6.9	−8.9
年功型退職金	−19.4	−0.8	−7.6	−17.5
自己都合非不利退職金	−10.5	−3.8	−16.5	−5.1
格差小さい退職金	48.1	−18.0	0.8	12.8
自己運用依存退職金	73.8	6.6	21.3	−31.1
退職金賃金化	73.8	−29.5	4.9	23.0
平等型福利厚生	0.0	19.6	−1.0	−6.6
経済支援福利厚生	−19.3	23.3	−17.3 / 18.7	2.7
能力開発福利厚生	−25.4	1.8	−31.7	15.2
現物給付福利厚生	−46.9	18.8	−24.6	−28.5
保障中心福利厚生	−28.7	14.1	−15.2	−10.2
選択型福利厚生	4.2	9.5	−13.8	5.8
福利厚生賃金化	55.9	−20.6	1.5	22.1
職務直結教育	7.1	12.9	−1.2	7.1
転職独立有利教育	38.7	−38.7	−12.7	5.6

図6.1(c) ワークスタイルと報酬制度への希望③

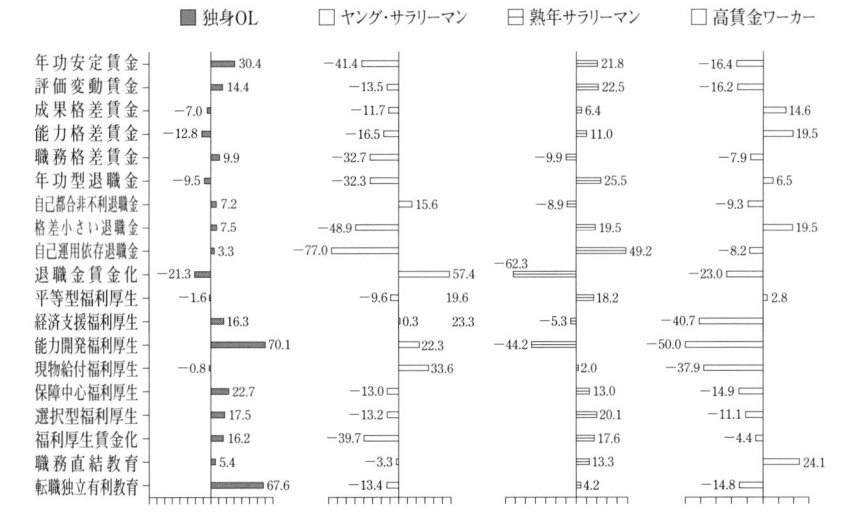

■ 独身OL　□ ヤング・サラリーマン　☐ 熟年サラリーマン　□ 高賃金ワーカー

項目	独身OL	ヤング・サラリーマン	熟年サラリーマン	高賃金ワーカー
年功安定賃金	30.4	−41.4	21.8	−16.4
評価変動賃金	14.4	−13.5	22.5	−16.2
成果格差賃金	−7.0	−11.7	6.4	14.6
能力格差賃金	−12.8	−16.5	11.0	19.5
職務格差賃金	9.9	−32.7	−9.9	−7.9
年功型退職金	−9.5	−32.3	25.5	6.5
自己都合非不利退職金	7.2	15.6	−8.9	−9.3
格差小さい退職金	7.5	−48.9	19.5	19.5
自己運用依存退職金	3.3	−77.0	49.2	−8.2
退職金賃金化	−21.3	57.4	−62.3	−23.0
平等型福利厚生	−1.6	−9.6 / 19.6	18.2	2.8
経済支援福利厚生	16.3	0.3 / 23.3	−5.3	−40.7
能力開発福利厚生	70.1	22.3	−44.2	−50.0
現物給付福利厚生	−0.8	33.6	2.0	−37.9
保障中心福利厚生	22.7	−13.0	13.0	−14.9
選択型福利厚生	17.5	−13.2	20.1	−11.1
福利厚生賃金化	16.2	−39.7	17.6	−4.4
職務直結教育	5.4	−3.3	13.3	24.1
転職独立有利教育	67.6	−13.4	4.2	−14.8

ウト・ワーカー」においても成果・能力主義などの変動型の賃金制度を強く支持し，年功安定給を否定する明確な傾向が同様にみられている．2つのワークスタイルでの実質的に長い労働時間が，より対価性の明確な新しい報酬制度への変化を動機づけている様子がわかる．

(2)伝統派 vs 新規派

では次に，年齢や勤続年数などを基準とする比較的安定的な給与と成果・能力などの評価による変動的な給与という対置的な報酬制度が適用されている「安定給ワーカー」と「変動給ワーカー」の2つのワークスタイルについて対比してみたい．まず，今後の希望という点では，基本的には現状継続を望む傾向が両ワークスタイルにおいて同様にみられている．基本的には両者ともに変化を好んでいないということであろう．しかし，両者を比較すると「安定給ワーカー」に比べて「変動給ワーカー」のほうが，継続希望意向が明確であることがわかる．年功安定賃金での乖離率が40％程度であるのに対して，評価変動給では110％と非常に乖離が鮮明になっている．変動給については，評価のむずかしさなど，まだ導入・定着について賛否両論のあるところだが，この反応をみるかぎりでは適用されてた従業員にとって，それほど拒否感のないものであることがわかる．また一方の「安定給ワーカー」の特徴としては，賃金よりも年功型退職金について継続希望が非常に強い点があげられる．年功賃金の恩恵はかなり享受してきたと考えられるこのワークスタイルの人たちにとって気がかりなのは，むしろ最後の退職金ということになるだろうか．

次に，仕事をしながら資格取得や専門知識・スキルの取得に励んでいる「自己啓発者（Work & Study）」というワークスタイルをみると，成果・能力主義などの評価による変動的な賃金制度に対する希望が明確であることが示されている．資格や専門知識の取得に前向きなワークスタイルをもつ彼らだから，高い評価を得ることができるはずだという自信の現れであろうか．あるいは自己啓発にかかった出費を回収するためにも短期的なレスポンスで収入増が期待できる変動給を望んでいるものと考えられる．またこの点は，このワークスタイルが退職金や福利厚生の賃金化を希望する傾向が強いことからも推測される．遠い将来の退職金や，あまり利用しない福利厚生制度などよりも資格取得のた

めの学費などを賄える現金給付を望むのは当然なのであろう．

(3) キャリア・サーファーは現金志向？
　「キャリア・サーファー」は，何度も転職経験をもつという流動性の高いワークスタイルだが，この層でもいくつか興味深い特徴がみられている．
　まず，退職金，福利厚生の賃金化を望む傾向が顕著にみられる．これまでの伝統的なそれらの制度では年功的な運用がなされており，勤続年数の短くなりやすい「キャリア・サーファー」では年功的な色彩の色濃く残るこれらの制度より，現金給付を望むのは当然であろう．しかし，意外であったのが，年功給だけではなく，成果給，能力給などの変動的な賃金に対しても否定的である点である．企業間移動によってキャリア形成と収入アップをはかろうとする彼らにとって，いずれの賃金制度も好ましくないということだろうか．

(4) 明確な世代間ギャップ
　4つの属性層別にみても，報酬制度に対する期待において顕著な差違が出ている．
　まず，最も著しい差違があるのが世代間ギャップともいえるもので「ヤングサラリーマン」と「熟年サラリーマン」である．提示した多くの制度での希望が正反対になっているのがグラフからもおわかりいただけるだろう．興味深い点は，賃金制度では前者はいずれの制度に対しても慎重で，後者は前向きであるということと，退職金，福利厚生の賃金化，などでは反対に若い層ほど変革を望み，熟年層では保守的だという一見，分裂的な反応が出ている点である．いずれにしても，すべての局面で評価が二分されている．これほど明確な世代間でのベクトルの違いがあるとすれば，企業内での調整が容易でないことが推測される．
　一方，女性の若年層である「独身OL」では，先の男性の2世代ともまた違った反応が出ている点が興味深い．年功賃金にはやや賛成であり，それよりも希望が明確なのが「能力開発福利厚生」と「転職有利教育」である．彼女たちは職務に直結するというよりも，自分自身に帰属できる能力や資格などを求めている様子がよく出ている．将来，転職やSOHOなどでの何らかのキャリア

アップを望んでいるのであろうか.

3. ふたつの多様化は整合するのか

3.1 制度評価での差異

　以上,報酬制度に対する今後の希望の差異をワークスタイル別,属性層別にみてきたわけだが,印象としてはそれぞれの制度に対する賛否がかなり分かれているように思える.働き方が異なることによって,報酬制度との適合性に変化が生じ,評価にも違いが生じているのではないかと考えられる.

　この点については,実体的な側面からも確認することができる.表6.4では,各ワークスタイルにおける本人の予想退職金額と福利厚生制度での現在の利用状況を比較している.たとえば,予想退職金額をみると,最高額の「高賃金ワーカー」,続く「テイクアウト・ワーカー」や「年功給ワーカー」などと,現在勤務先での勤続年数の短い「キャリア・サーファー」では2倍前後の大きな格差がある.また,現在利用している福利厚生制度についても同様の格差がみられる.このように現行制度からの恩恵に格差があるならば,賛否が分かれる

表6.4　ワークスタイル別での退職金予測額と福利厚生利用実態

	予想退職金額(万円)	福利厚生制度の平均利用数	平均年齢(歳)	現在の会社での勤続年数	全就業年数平均(年)	本人年収平均(万円)	男性(%)
正規雇用	1,288	2.9	37.8	13.4	16.4	565	76.8
サービス残業者(NPOS)	1,057	2.7	35.7	12.3	14.6	557	93.5
テイクアウト・ワーカー	1,824	3.4	38.9	15.0	17.2	669	78.2
ナイト・ワーカー	1,151	3.0	34.9	11.1	14.3	537	88.0
年功給ワーカー	1,763	3.7	39.3	15.6	18.0	636	75.9
変動給ワーカー	1,261	3.2	37.3	13.2	15.3	568	76.6
自己啓発者(W&S)	1,696	4.1	39.8	15.0	18.0	691	80.3
夫婦ともフルタイム(DIFT)	1,238	3.1	40.1	12.9	17.5	509	51.1
シングルインカム(SIHO)	1,600	3.5	39.9	15.4	18.8	714	99.5
キャリア・サーファー	821	2.3	41.9	6.6	18.8	579	85.1
独身OL	665	2.4	27.3	5.8	6.5	341	0.0
ヤング・サラリーマン	1,355	2.5	24.6	3.2	2.8	341	100.0
熟年サラリーマン	1,515	3.4	54.2	26.1	33.8	836	100.0
高賃金ワーカー	2,125	4.3	47.3	22.9	25.4	992	97.2

のは当然ともいえるだろう．

　総じて，いえることは伝統的な報酬制度に適合しやすいワークスタイルは恵まれているが「キャリア・サーファー」などに代表されるような新しいタイプでは，それほどの恩恵は享受できそうにないとみているのではないだろうか．換言すると，新しいワークスタイルを実現しようとするとき，伝統的な制度を前提とすると，最大限のベネフィットを期待することができず，一定の譲歩を受け容れることが求められるということではないだろうか．この点を一般化して考えると，ワークスタイルの多様化が先行的に，進めば進むほど，伝統的な制度とはある種のミスマッチが拡大し，そのことにともなうリスクやコストは新しいワークスタイルの実現を望む当人が負担することになるのといえるのではないだろうか．

3.2　企業経営にとってのワークスタイル多様化
(1)多様化への対応

　しかし，ワークスタイルの多様化が先行し，今後ますます拡がりをみせるとすれば，企業側にとっても，いつまでもミスマッチを放置することはできないだろう．なぜなら，そうしたミスマッチが勤労意欲や忠誠心などの側面に悪影響を与え，従業員から企業への評価の低下につながり，最終的には生産性にも悪影響を与えかねないからである．このときとくに，看過できない多様化は，企業内でのさまざまな多様化の出現であろう．制度に対するニーズやインタフェイスの異なるワークスタイルを求めるグループが複数，社内に出現してくると，今回の分析にもあるように単一の制度体系では必ずどこかで不公平感が増し，不平不満が発生する可能性が高まることになる．たとえば「サービス残業者」といったおそらく非自発的なものであるワークスタイルが，一部の部門であれ恒常化すれとなれば，伝統的な年功処遇に対して拒否感が強まることが予想される．あるいは，中途採用の拡大によって「キャリア・サーファー」が数多く組織のなかに入ってくるとなれば，年功一辺倒の制度では不安や不満を喚起することも容易に想像できる．

　また，ワークスタイルの多様化は企業内での問題だけとして片づけられない面もある．さまざまな働き方を望む優秀な人材が外部労働市場に存在するとな

れば，彼らからの評価に応えられる複数の制度や制度運営のフレキシビリティをアピールできなければ，人的資源の調達戦略にも支障が出ることになる．労働市場において拡大する多様性を，ある程度受け容れることのできるだけの企業内での制度的な多様性が求められてくるのである．

(2) ワークスタイル別の制度評価

　このミスマッチの問題について検証作業を行ってみた．

　今回の定量調査では，現在適用されている報酬制度（賃金，退職金，福利厚生）についてそれぞれ評価を行っている．評価尺度は，表6.5の表頭に記載されているとおり3つの報酬制度に各3種類の評価尺度を設定している．たとえば，賃金制度では「努力や成果が報われる」という点について「全く当てはまる」から「全くあてはまらない」まで5段階の選択肢を用意して回答を求めている．この9個の評価変数を従属変数とし，先ほどから使っている13種類のワークスタイルをダミー変数（該当する：1，該当しない：0）としたものを独立変数とした回帰分析を行った．つまり，特定のワークスタイルを選択することに，制度評価が影響を与えるものかをみるためである．

　結果的には，ワークスタイル間で制度に対する評価に明確な差異があることが示されている．

　特徴的なところを紹介してみたい．まず，賃金制度での「努力や成果が報われる」という点での評価では，成果や能力などの評価による「変動給ワーカー」だけが明確に肯定的な評価を下している．それに対して，「サービス残業者」「年功給ワーカー」「夫婦フルタイム」「独身OL」などでは，明らかに否定的な反応が現れている．ワークスタイルの定義からみてもおおむね首肯できるところであろうか．一方，「仲間とも仲良く働ける」といった観点での評価では，今度は一変して「年功給ワーカー」が肯定的な評価となった．同年齢層の従業員間での賃金格差が生じにくいためではないかと考えられる．しかし，この評価尺度でも「変動給ワーカー」が肯定的な反応が出ており，賃金格差が必ずしも従業員間の関係を悪化させるものでもないようである．評価のむずかしいところである．さらに，「生活設計が立てやすい」という観点での評価でも「年功給ワーカー」の評価が際だって高くなっている．収入の安定性と少し

表6.5 ワークスタイル別の現在適用制度への評価

	賃金制度の評価		
	努力や成果が報われる	仲間とも仲良く働ける	生活設計が立てやすい
	t値	t値	t値
切片	43.143***	46.514***	38.947***
サービス残業者	−3.771***	−0.885	−3.300***
テイクアウト・ワーカー	1.613	0.128	−0.686
ナイト・ワーカー	−1.046	−0.181	0.353
年功給ワーカー	−2.476**	3.117***	4.590***
変動給ワーカー	4.798***	2.206**	−0.355
自己啓発者	0.390	1.359	1.448
夫婦フルタイム	−2.324**	1.274	1.514
シングルインカム	−0.654	0.533	1.069
キャリア・サーファー	0.173	0.065	1.427
独身OL	−2.753***	−1.052	−0.325
ヤング・サラリーマン	0.231**	2.536**	3.135***
熟年サラリーマン	−0.742	−1.108	0.015
高賃金ワーカー	2.517**	0.868	4.059***
	$R=.2906$ $R^2=.0844$ 調整済 $R^2=.0700$ $F(13,828)=5.8752$ $p<.0000$ 推定値の標準誤差:1.1167	$R=.1952$ $R^2=.0381$ 調整済 $R^2=.0230$ $F(13,828)=2.5244$ $p<.0021$ 推定値の標準誤差:1.0001	$R=.2961$ $R^2=.0876$ 調整済 $R^2=.0733$ $F(13,828)=6.1215$ $p<.0000$ 推定値の標準誤差:1.1370

	退職金制度の評価		
	老後の不安がなく安心して働ける	転職の機会があっても思いとどまる	不正をせず勤勉に働くことを促す
	t値	t値	t値
切片	33.320***	31.859***	36.237***
サービス残業者	−2.570**	−2.020**	−2.748***
テイクアウト・ワーカー	1.539	2.277**	1.328
ナイト・ワーカー	−0.345	0.414	−0.574
年功給ワーカー	4.588***	4.150***	2.711***
変動給ワーカー	0.671	0.105	1.873*
自己啓発者	0.283	2.155**	0.495
夫婦フルタイム	−0.028	1.846*	0.538
シングルインカム	1.480	1.030	0.304
キャリア・サーファー	0.329	0.008	−0.052
独身OL	0.524	−0.580	−0.731
ヤング・サラリーマン	2.368**	0.904	1.687*
熟年サラリーマン	0.503	−0.134	−1.034
高賃金ワーカー	2.877***	2.915***	2.808***
	$R=.2652$ $R^2=.0703$ 調整済 $R^2=.0557$ $F(13,828)=4.8214$ $p<.0000$ 推定値の標準誤差:1.1528	$R=.2791$ $R^2=.0779$ 調整済 $R^2=.0634$ $F(13,828)=5.3828$ $p<.0000$ 推定値の標準誤差:1.1164	$R=.2135$ $R^2=.0456$ 調整済 $R^2=.0306$ $F(13,828)=3.0437$ $p<.0002$ 推定値の標準誤差:1.1560

表6.5 つづき

	福利厚生制度の評価		
	会社への親近感や信頼感が持てる	家族との快適な生活に役立つ	けがや病気などの不安が和らぐ
	t 値	t 値	t 値
切片	35.556***	35.517***	36.545***
サービス残業者	−3.851***	−2.901***	−2.461**
テイクアウト・ワーカー	0.830	0.480	1.440
ナイト・ワーカー	0.652	−0.167	0.085
年功給ワーカー	1.920*	2.381**	2.424**
変動給ワーカー	1.549	1.931	1.519
自己啓発者	−0.295	0.851	−0.466
夫婦フルタイム	1.155	2.194**	1.236
シングルインカム	1.519	1.990**	1.825
キャリア・サーファー	0.529	0.118	−0.405
独身OL	0.709	0.794	1.018
ヤング・サラリーマン	2.163**	2.343**	0.990
熟年サラリーマン	−0.114	−0.431	−0.564
高賃金ワーカー	3.754***	2.888***	3.248***
	$R=.2417$ $R^2=.0584$ 調整済 $R^2=.04364$ $F(13,828)=3.9527$ $p<.0000$ 推定値の標準誤差：1.0931	$R=.2415$ $R^2=.0583$ 調整済 $R^2=.0435$ $F(13,828)=3.9480$ $p<.0000$ 推定値の標準誤差：1.0940	$R=.2268$ $R^2=.0514$ 調整済 $R^2=.0365$ $F(13,828)=3.4549$ $p<.0000$ 推定値の標準誤差：1.0987

ずつであろうとも年功的に上昇していくということが，生活保障仮説で指摘されるとおり，従業員のライフサイクルとの適合性がよいのであろう．

また，これら3つの評価のいずれに対しても「サービス残業者」が否定的な反応が出ていることが目立っている．

次に，退職金制度に対する評価だが，第1が「老後の不安なく働ける」とする老後保障機能についての評価である．やはり，ここでも「年功安定給ワーカー」の高評価が目立っている．年功的な賃金制度であれば，退職金制度のほうも同様に年功型である可能性が高いことからこうした評価になるのは当然であろう．この傾向は「転職の機会があっても思いとどまる」という転職抑制機能や「不正をせず勤勉に働くことを促す」としたモラール維持機能においても同様で，伝統的な退職金制度がこうした評価において従業員から十分に認識されており，有効性をもつものであることが示唆されている．また，ここでの評価においても「サービス残業者」に否定的な反応が強く現れている．

最後に，福利厚生制度での評価だが，関連性がもっとも多く現れたのが「家

第6章 ワークスタイルの多様化と報酬制度　　127

族との快適な生活に役立つ」という評価に対するものであった．「年功給ワーカー」「夫婦フルタイム」「シングルインカム」「ヤング・サラリーマン」「高賃金ワーカー」などのワークスタイルで明確な正の関連性が抽出されている．これらのワークスタイルにおいて家庭生活と職場とのインタフェイス機能を福利厚生制度が有効に発揮されている様子がうかがわれる．確かに，これらのワークスタイルでは図6.2にあるように現在利用している福利厚生制度が充実しているようである．また，ここでも「サービス残業者」は相変わらず否定的である．相当，不満が鬱積している様子がうかがえる．

以上，みてきたようにワークスタイル等が異なることによって，適用されている報酬制度に対する評価が分かれることは間違いないようである．また，このことは見方を変えれば，現在の報酬制度が多様なワークスタイルの従業員に対して，同等の効果を与えていないことを示している．たとえば，退職金制度が狙っている転職抑制効果やモラール維持効果が，従業員側がワークスタイルという面で多様化することで効果の全体的なレベルが低下することを意味している．単一の制度では，多様なワークスタイルを受容しながら，同時に高い評価を維持することは困難であると考えられる．

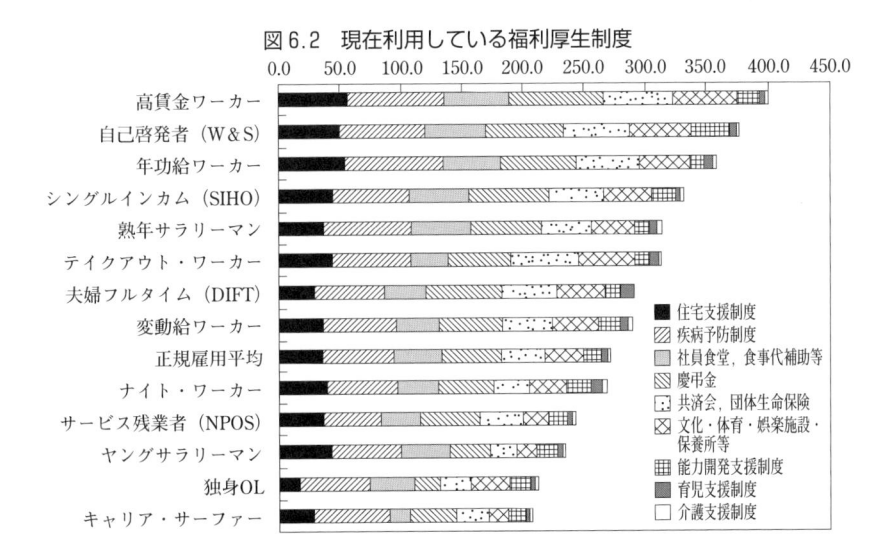

図6.2　現在利用している福利厚生制度

(3) 制度評価と勤労意識

　さまざまなワークスタイルをもつ従業員の報酬制度への，こうした評価が単に制度評価だけでの満足や不満といったものだけにとどまるものではない．従業員生活との重要な接点となる報酬制度であるがために，企業にとってはさらに重要な側面である従業員の勤務態度などにも影響を及ぼす可能性が当然出てくる．表6.6は，先程の報酬制度において用いた9種の評価変数が，従業員の定着意識や勤勉性，貢献意欲などの勤務態度の側面に対して影響力を及ぼしているかという点について検証を試みた結果である．

　いくつか結果を紹介すると，たとえば，賃金制度に対して「努力や成果が報われる制度である」と評価している従業員層では，有利な条件での転職の誘惑に対する抵抗感も強く，同時に勤勉に働こうとする態度や企業に貢献しようとする態度が明確であるという関連性が確認される．また，「生活設計が立てやすい制度」と評価する従業員層でも同様の態度形成が明確にみられている．この他，退職金制度における「転職があっても思いとどまる」とする評価や，福利厚生制度での「会社への親近感や信頼感がもてる」とする評価も，定着性，勤勉性，貢献意欲などと明確な関連性があることが示されている．ワークスタイルと報酬制度がうまく適合し，従業員から好評価が与えられたときには，経営側にとってもありがたい効果が期待できることが予想される．

4. 求められる制度的選択肢の拡大

4.1　拡大する制度とのミスマッチ

　以上，従業員調査をもとに，ワークスタイルや特定の属性層と報酬制度との関連性についてみてきた．総括すると，冒頭で述べた，ワークスタイルの多様化と，報酬制度の多様化というふたつの変化が必ずしも整合的なものではなく，おそらく，両者の多様化以前の状態に比べて従業員側からの評価をベースとしたミスマッチは拡大している可能性が高いのではないか，との印象を強く感じさせる結果となった．

　なぜ，わが国の従業員層のワークスタイルが多様化するのか．その原因をひとつに特定することはむずかしい．生活意識や就業価値観の変化，企業の雇用

表6.6 報酬制度の評価と勤労意識

			定着性	勤勉性
			t値	t値
賃金制度の評価	constant		8.028****	21.0924***
	努力や成果が報われる		2.583***	3.3351***
	仲間とも仲良く働ける		0.894	2.4839**
	生活設計が立てやすい		3.366****	2.8490***
退職金制度の評価	老後の不安がなく安心して働ける		0.277	−0.9766
	転職の機会があっても思いとどまる		2.636***	−1.9930**
	不正をせず勤勉に働くことを促す		−1.477	0.2235
福利厚生制度の評価	会社への親近感や信頼感が持てる		2.942***	2.3601**
	家族との快適な生活に役立つ		−1.298	0.2851
	けがや病気などの不安が和らぐ		0.036	−0.3877
			$R=.3773$	$R=.3160$
			$R^2=.1423$	$R^2=.0999$
			調整済 $R^2=.1331$	調整済 $R^2=.0901$
			$F(9, 832)=15.347$	$F(9, 832)=10.261$
			$p<.0000$	$p<.0000$
			推定値の標準誤差: 1.9023****	推定値の標準誤差: 1.4588****

			貢献意欲	個人的スキル取得より企業発展
			t値	t値
賃金制度の評価	constant		19.868***	10.940***
	努力や成果が報われる		3.827***	3.788***
	仲間とも仲良く働ける		1.742*	0.484
	生活設計が立てやすい		3.770***	1.994**
退職金制度の評価	老後の不安がなく安心して働ける		−1.692*	−0.900
	転職の機会があっても思いとどまる		−1.814*	1.448
	不正をせず勤勉に働くことを促す		0.389	−0.601
福利厚生制度の評価	会社への親近感や信頼感が持てる		4.161***	2.763***
	家族との快適な生活に役立つ		−0.988	−0.985
	けがや病気などの不安が和らぐ		−0.871	0.633
			$R=.3463$	$R=.3154$
			$R^2=.1199$	$R^2=.0995$
			調整済 $R^2=.1104$	調整済 $R^2=.0897$
			$F(9, 832)=12.598$	$F(9, 832)=10.218$
			$p<.0000$	$p<.0000$
			推定値の標準誤差: 1.4654****	推定値の標準誤差: 1.5157****

政策の変更，景気後退にともなうリストラの浸透，家族関係の変化，等々．すぐにも思い当たる要因はいくつもあげることができる．それらが複雑に影響しあい，作用しあいながら，自発的，非自発的の両面で，従来の共通モデルとされた働き方の一般形が崩れはじめ，多方向に流動化しつつあるのだろう．

　一方で，企業側の動きとして，成果主義などをはじめとする新しい方向性をもつ報酬制度への関心は高まり，実際に変革の動きが拡がりつつある．この動きは，ワークスタイル多様化という現象とは基本的には独立的に進展しているものと考えられる．おそらく，そこでの変革の論理は，企業にとって負担可能なコストであるということと同時に，人的資源からの有効なパワーを引き出すという経営合理性にほかならない．この点において，企業側での報酬制度の多様な変革の最終的な目的が，決してワークスタイルの多様化への適合ではないであろう．

　いずれにしても，新しいワークスタイルの出現が先行的であれ，報酬制度の変革が先行的であれ，両変化が進行する過程では，一時的かもしれないがミスマッチの状態が拡大するものと考えられる．

4.2　最適解はどこにあるのか

　では，このようなミスマッチがどのように収束，あるいは調整されるのだろうか．

　大勢としては，従業員側が新しい制度を受け容れることで収束すること，つまり，従業員が制度に適応するという方向が一次的な収束形となるだろう．一般の従業員層は，制度変革に対して受動的であり，一旦は受け容れなければならない．そういう意味では弱い立場にある．しかし，従業員にも退出，すなわち転職による企業間移動という最終的な手段が選択可能であるし，今回の分析でも触れたように，勤務態度やモラールなどの面から結果的にミスマッチを企業コストに転化することもできる．したがって，企業が自発的なワークスタイルの多様化の動きを無視し，コストの論理だけで制度改革を強引にすすめることにも危険がつきまとう．おそらくは，許容できる範囲での企業側からのワークスタイル多様化への適応をはかることも求められてくるのである．この点は，現在勤務している従業員だけではなく，労働市場から調達したい将来の人材に

表6.7 ワークスタイル定義一覧

ワークスタイル名	定義	N
サービス残業者（NPOS）	「正規雇用」（N：586）で恒常的にサービス残業をしている，週労働時間60時間以上の者	62
テイクアウト・ワーカー	「正規雇用」（N：586）で仕事を自宅に持ち帰ることが多い者	55
ナイト・ワーカー	「正規雇用」（N：586）で残業以外の深夜労働がある者	75
年功給ワーカー	「正規雇用」（N：586）で賃金が安定して上昇する制度に「全くあてはまる」と回答し，評価次第で大幅に上昇・下降する制度に「全くあてはまらない」と回答した者	87
変動給ワーカー	「正規雇用」（N：586）で賃金が評価次第で大幅に上昇・下降する者	128
自己啓発者（W&S）	「正規雇用」（N：586）で自己啓発に取り組んだことがあり，昨年1年間の自己投資額が6万円以上の者	66
夫婦フルタイム（DIFT）	「正規雇用」（N：586）で配偶者も正規雇用の者	92
シングルインカム（SIHO）	「正規雇用」（N：586）で配偶者が無職の者	202
キャリア・サーファー	学歴が大卒以上で転職経験2回以上（いずれも自発退職）の者	134
独身OL	「正規雇用」（N：586）で独身の女性	63
ヤングサラリーマン	「正規雇用」（N：586）で就業年数が6年未満の男性	73
熟年サラリーマン	「正規雇用」（N：586）で50歳以上，就業年数25年以上の既婚男性	88
高賃金ワーカー	「正規雇用」（N：586）で年収800万円以上	107

対するアピールという点でも重要である．あるいは，特定のワークスタイルに焦点を合わせた報酬制度のパッケージを用意した企業では，その範囲内で優秀な人材を獲得できるチャンスを得ることにもなるはずである．一企業がひとつのワークスタイルとの最適化をはかることは可能であろう．

一方で，あえて多様なワークスタイルへの適合を目指し，多様な生活背景や価値観をもつ人材を受け容れるための制度的な多様性やフレキシビリティを確保することで現在，求められている創造的組織づくりに繋がる可能性もあるはずである．金太郎飴などと揶揄された一部の大企業ならば，ワークスタイルの多様化を好機として受け止め，組織風土の改革を進めてもよい．

ワークスタイルの多様化を，リスクとみるか，チャンスとみるかによって自

ずと適応の方向は変わってくるだろう．

参考文献

今田幸子（2000），「働き方の再構築　多様化と混迷する勤労意識のゆくえ」『日本労働研究雑誌』No. 479．

小林康助（1991），『労務管理の生成と展開』ミネルヴァ書房．

占部都美（1978），『日本的経営を考える』中央経済社．

雇用・能力開発機構（2000），「労働市場の構造変化とマッチングシステム」統計研究会．

笹島芳雄（2000），『人事・労務管理の新潮流』労働法令協会．

清家篤（1993），「純退職金利得からみた日本の大企業の退職金の退職抑制・促進効果」，『日本経済研究』．

田尾雅夫（1995），「会社人間の心性」『日本労働研究雑誌』No. 422．

西久保浩二（1998），『日本型福利厚生の再構築　転換期の諸課題と将来展望』社会経済生産性本部．

渡辺一明（1999），『成果主義人事制度のしくみ』日本実業出版．

吉田寿（2000），「インセンティブ報酬制」日本経営者連盟『経営者』2000年11月号．

労務行政研究所（1997），「退職金を給与に上乗せする全額給与支払い型社員制度：松下電器産業」『労政時報』労務行政研究所，第3313号．

第7章　自己啓発とスペクトラム
―― 自立的な働き方を求めて ――

長井　毅

1. 自己啓発の定義とその歴史的背景

1.1　自己啓発とは
「啓発」という言葉の意味は，広辞苑で「知識をひらきおこし理解を深めること」と記されている．この「啓発」に「自己」が結びついた「自己啓発」は，自己研鑽により知識を習得することであり，職業能力開発のための活動に限ったものではない．したがって，自ら進んで行う学習に加え，スポーツ，文化活動なども自己啓発としてとらえることができる．

ただし，労働経済学など労働を専門とする分野ではもう少し狭義の意味で用いられている．たとえば厚生労働省が実施している民間教育訓練実態調査では，「自己啓発」の定義を「職業に関する能力を自らが自発的に開発し，向上させるための活動」であり「職業に関係ない趣味，娯楽，スポーツ，健康の増進等に関するものは含まない」としている．つまり，企業が行う教育訓練とは別に，個人が自主的にその職業能力向上のために学習することを「自己啓発」と定義づけしている．

本章で取り扱う「自己啓発」も，職業能力向上に関する自主的活動という狭義の意味で取り上げている．

1.2　自己啓発の歴史的背景
戦後，そして高度成長期における従業員の職業能力開発は，主に企業の組織を活用したOJT（On the job training：職場での業務を通じた教育訓練）を中心とし，その補完としてOff-JT（Off the job training：通常の業務を離れて行う

教育訓練）が実施されてきた．これらは企業から従業員に"与えられる"職業能力開発の場であり，そこには従業員個々の自発的な欲求を充足する教育からかけ離れた内容であったといえよう．つまり「自己啓発」は，日本における企業内教育制度に始めからビルトインされていたわけではなかったのである．そのため，職業能力といえば，主に組織能力や企業内特殊技能のことを意味していた．"能力が高い"というのは，"企業内で能力が高い"ということを意味していた．

では「自己啓発」が，いつ，どのような背景のもと重視されるようになってきたのであろうか．この点については，増田（1999）の『企業における「自己啓発援助制度」の成立』で詳細に報告されている．

増田（1999）はそのなかで，「自己啓発」の重要性が指摘されはじめたのは1950年代であるが，その対象は管理者・監督者に限定されていた，と指摘している．つまり，「自己啓発」の誕生時点では一部の層を対象としていたにすぎなかったのである．

こうした制度のもと，管理者・監督者といった一定階層以外の一般の従業員からも，"OJTで習得できない知識を習得したい"というニーズが生起しはじめた．これらニーズに対応するため，企業は通信講座の斡旋，費用補助という形式で選抜者以外の一般の従業員に対しても援助を始めたのが自己啓発支援制度の始まりである，と論じている．

そして，90年代以降職業能力開発に大きな変革が起きる．90年代以降の情報化をはじめとした急速な技術革新，国際化等の進展のなかで，企業や産業における高付加価値化や新規事業展開等の動きが進み，従業員の仕事の内容も急速に高度・複雑化ないし専門化する一方，職種転換の動きもより活発化しはじめた．同時に雇用システムも年功序列と終身雇用を柱に据えた，いわゆる日本的雇用システムから成果・能力主義的な雇用システムへと移行しはじめた．

こうした急速かつ劇的な変化によって，これまでの職階ごとに一律かつ画一的なカリキュラムを課す，研修を中心とした旧来型の職業能力開発では対応しきれなくなり，企業は大きな方向転換を示すことになる．企業は，広範かつ高度な専門能力や創造力あるいは構想力，問題解決力などといった非定型的な職業能力を求めはじめたのである．

第7章 自己啓発とスペクトラム

　そもそも成果主義的な雇用システムへの移行は，職業能力の向上が個人の報酬に直結することを意味している．したがって成果主義下における従来の職業能力開発では"個人のための育成"という側面を色濃くし，結果として選抜された従業員だけの報酬アップを支援することにつながる．そうした背景から，能力開発に要する費用も個人負担とするのが妥当である，との考えが主流となりはじめたのである．従業員個々が自らの職業人生の将来展望に沿って自主的に能力開発を行い，企業はそれが自社の利益に還元されると見込まれる範囲内で支援するのが基本的な枠組みと化している．

　こうして，今日のように産業や職階を問わず「自己啓発」への関心が高まりをみせはじめた．現在では，自己啓発はOJT，Off-JTと並ぶ職業能力開発の三本柱の1つと位置づけられている．

　企業変化に加え，従業員自身も意識面で大きな変化が現れた．

　前述のとおり，90年代以前の職業能力開発は，主として会社から"与えられる"メニューをクリアするといった受動的なものであったといえる．従業員はそのメニューをパスしていくわけだが，その結果が「戦力外通知」ではいたたまれない．90年代以降自主的な職業能力開発への取り組みを要請しはじめた企業に対応する形で，自らの職業能力の向上は自らの責任で決めるという従業員サイドの意識変化が現れたことを見逃すことはできない．企業変化に即応する形で，従業員自身が「企業主導」ではなく「自己責任」による職業能力開発の道を選択しはじめたとみることができよう．就労と自己啓発のスペクトラム時代の到来である．

　こうして職業能力開発の選択は，その主体が企業から従業員個々に移転していく．職業能力開発の自己責任化，つまり自己啓発の活発化は，これまでのような企業内のみで通用する職業能力の習得・向上に留まらず，外部労働市場でも通用するような能力を身につけ，市場価値を高めていくといった，内容そのものの変容にまで及んでいる．いわゆるエンプロイアビリティの向上である．従業員にとっての職業能力は"企業内での能力が高い"ということの意味から，専門スキルとそれを活かして成果に結びつけられるコンピテンシーという一般的な能力に変化してきた．

　勤労観やライフスタイルの変化から，自らのキャリアビジョンに沿って主体

的に自己啓発を行い，その成果をもって転職等を行う動きや，ベンチャー企業を興すなど独立開業を目指す動きがみられる．また，労働時間の短縮による自由時間の増大により，その活用を有効にはかるという観点からも，自己啓発への活発な取り組みがなされている点も指摘できよう[1]．

ただし，こうした積極的な従業員自身の意識変革がみられる一方で，自らの能力開発の展望が明確に描ききれない従業員も少なからずいる．終身雇用のもとでのジョブローテーションを中心とする人事慣行のなかで，自らの職業能力開発のあり方を長らく企業の主導に委ねていたため，そこから脱却できないことが災いしているようだ．

そして，近年自己啓発が活発化しはじめたもう1つの要因として，それを経済的側面から支える目的で制度化された教育訓練給付制度の存在も大きいのではないか．

教育訓練給付制度は，リストラが相次ぐなか，「働く人に技術を身につけてもらうことで雇用の安定と再就職の促進を図る」（厚生労働省）という狙いから1998年12月に制度が始まった．2000年4月までに約15万人がその補助を受給しており，また翌2001年からは補助の上限が20万円から30万円に引き上げられ，同時に指定講座も大幅に拡充されたこともあり，2001年4月には約42万人と急増した．ただしこの制度は子育て後の再就職時や，新卒の失業者，自営業者らには受給資格がない，夜間大学院通学や海外留学などのケースの場合給付で十分カバーされない，などの問題も内包していた[2]．このため，厚生労働省では自己啓発にかけた費用を所得から控除できる優遇策の導入も検討した年度もある（図7.1）．こうした新たな制度は，リストラや失業による収入の大幅減少者が再起をかけて自己啓発に取り組む場合には有効な制度といえ，実現すれば今後一層の自己啓発の加速化が予測される．

自己啓発の活発化の様相について，企業変化，従業員の意識変化，そして制

---

[1] 1996年版『労働白書』では「技術革新や企業・産業の高付加価値化に伴い，高度な専門能力や想像力をもった人材が求められている．また，労働者の自己実現のための生涯設計への関心が高まる中で，個人主導の能力開発として，自己啓発の気運の盛り上がりが見られる」と自己啓発に対する企業と労働者の双方のニーズ・欲求の高まりを指摘している．

[2] なお，平成15年5月以降に受講を開始した場合には，教育訓練経費の80％から40％に削減された．

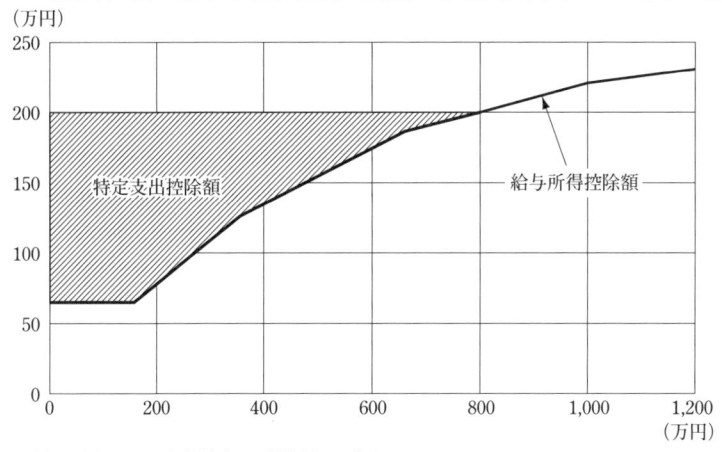

図 7.1 給与収入別の特定支出控除額及び減税額（自己啓発費用が 200 万円の場合）

（出所） 厚生労働省平成 13 年税制改正要望資料より作成．

度変化という 3 つの側面から，先行研究等をもとに俯瞰した．

90 年代以降の情報化をはじめとした急速な技術革新，国際化等の進展のなかで，企業は，広範で高度な専門能力や創造力など，これまでとは異なる非定型的な職業能力を求めはじめた．

従業員自身も，勤労観やライフスタイルの変化，自由時間の増大を背景として，自らのキャリアビジョンを明確に抱き，そして主体的に自己啓発を行いはじめた．教育訓練給付制度の充実も，自主的な職業能力開発への取り組みに大きく寄与した．

本章では，こうした変化を踏まえたうえで，次の点を明らかにすることを目的にしている．

第 1 の目的は，最新の自己啓発の現状を把握することにある．具体的な自己啓発の取り組み内容はいかなるものか，自己啓発費用としてどの程度家計から支出しているのか．自己啓発行動のなかでも，とりわけ資格や技能の取得状況はどの程度なのか，また近年増加傾向にある社会人大学院への進学に対しどの程度の進学意向をもっているのか．そうした自己啓発への取り組みの現状について，調査結果をもとに分析する．

第 2 の目的は，こうした自己啓発の活発化が，一層多様なワークスタイルを

生起させるというスパイラルを生み出すのではないか，という仮説を検証する点にある．自己啓発行動の先にあるものははたしてなにか，勤め先でのさらなる昇進・賃金アップか，新たな職場への転職，あるいはキャリアビジョンに沿った独立・開業か．自己啓発者のその後の職業選択への意向，勤め先に対する意向について，調査結果をもとに分析を行う．

分析に使用するデータは，生命保険文化センターが 2000 年 9 月に実施した「ワークスタイルの多様化と生活設計の変化に関する調査」(以下「ワークスタイル調査」と称す) である．

なお，当分析ではワークスタイル調査データのなかから，民間企業に従事する正規従業員のみを抽出し分析対象としている．パートタイマーや自営業などの他の雇用形態層は，もともと勤め先からの支援等も少なく，能力開発が自己責任化していたためである．抽出された正規従業員サンプルは 524 サンプルである．

2. 自己啓発への取り組みの現状と意向

2.1 自己啓発への取り組み経験

民間企業に従事する正規従業員は，職業能力開発のための自己啓発にどの程度取り組んでいるのであろうか．ここでは，ワークスタイル調査の結果を利用し，自己啓発への取り組みの現状を把握する．

民間企業従業員に対し，「あなたはこれまでに，自己啓発（公的な資格や技能の取得，仕事に関する知識や能力の向上のための勉強など）を行ったことがありますか」と尋ね，これまでの自己啓発への取り組み経験をみた．

その結果，全体（N：524）では 47.3％ と約半数が自己啓発の経験をもっている．この割合は当然のことながら個々の属性，すなわち性別や年齢，職種，収入額等によって相違しているはずである．そこで，こうしたデモグラフィックな属性を外生変数としたプロビット分析を行い，どういったデモグラフィック属性で自己啓発が多く実施されているのかを網羅的にとらえてみた．

その結果，特徴的な傾向がいくつかみいだされている（表 7.1）．

最初に男性を 1，女性を 0 とした性別ダミーでは負の関連性が示されている．

表7.1　自己啓発行動のデモグラフィック要因

説明変数		被説明変数：自己啓発行動の有無	
		プロビット係数	t値
	C	−1.153	−2.704***
性別ダミー	男性	−0.303	−1.755*
年齢ダミー	30歳代	0.441	2.498**
	40歳代	0.266	1.414
	50歳代	−0.181	−0.908
職種ダミー	管理職	0.547	2.796***
	事務職	0.482	2.501**
	専門職	0.699	4.034***
	現業職	0.444	1.771*
業種ダミー	建設業	0.446	1.517
	製造業	0.122	0.565
	運輸・通信業	−0.257	−0.909
	卸売・小売業	0.095	0.367
	金融・保険業	0.617	2.192**
	サービス業	0.305	1.363
従業員規模ダミー	30〜99人	−0.343	−2.120**
	300〜999人	0.126	0.737
	5,000人以上	0.252	1.307
本人年収ダミー	300〜500万円未満	0.245	1.244
	500〜700万円未満	0.359	1.611
	700万円以上	0.470	2.106**
学歴ダミー	高校卒	0.030	0.107
	短大卒	0.407	1.283
	大学卒	0.557	1.935*

有意水準1％：***　　　　　　　　　　サンプル数　524
有意水準5％：**　　　　　　　　　　　Kullback-Leibler R^2=.140
有意水準10％：*
(出所)　「ワークスタイルの多様化と生活設計に関する調査」生命保険文化センター，平成13年4月，をもとに作成
　　　以下，記載のないものは同調査データを活用している．

つまり，男性より女性のほうが自己啓発に積極的に取り組んでいる結果が得られている．男性は，長らく終身雇用制度のもと，自らの職業能力開発のあり方を企業の主導に委ねてきた．一方女性は，結婚・出産といったライフイベントの発生にともなう雇用面でのモビリティ（流動性）がもともと高かった．つまり，女性のほうが企業主導のジョブローテーションを中心とする人事慣行からいち早く脱却していたといえよう．自己啓発への取り組みが女性で旺盛なのも

首肯できる.

次に年齢ダミーでは30歳代で正の関連性が示されており，若年齢層の方が自己啓発に積極的に取り組んでいる傾向が浮き彫りにされている.

職種ダミーでは管理職，事務職，専門職，業種ダミーでは金融・保険業で自己啓発に対する取り組み経験と正の関連が検出されている.

比較的平均年齢の高い管理職において自己啓発が高いのは，前述のとおり「自己啓発」が重要視されはじめた初期段階ではその対象が管理職に限定されていたことの名残なのかもしれない.

また，金融・保険業では，自己啓発への取り組みに対する支援がかなり以前から実施されていた．増田（1999）は，銀行では1950年代後半においてすでに，専門かつ分化した中堅社員対象の職能別研修[3]が実施されていた，と指摘している．生命保険会社でも1949年に社内で推薦された者が集中講義方式で受講する講座が発足している．その後1979年に自学自習方式による保険講座へと変更になり，自己啓発による社内教育制度が確立している.

このように，金融・保険業では，早くから選別制による自己啓発制度が実施され，それが社員全体[4]に開かれた自己啓発制度へと拡散していることがわかる．その当時と現在との取り組み状況は比較不能ではあるが，現在においても業種のなかでは抜きんでて自己啓発に取り組んでいる業種といえよう.

そのほか，従業員規模や本人年収，学歴ダミーでは，小企業に勤める従業員ほど自己啓発への取り組みが少なく，また高収入，高学歴ほど取り組み割合が高い点も確認できた.

こうした傾向自体には特段目新しさを感じさせないが，大企業で勤めているからといって自己啓発に積極的であるとはいえない（有意性が検出されていない）点，また高学歴だから自己啓発に旺盛であるともいい切れない点[5]は，注目できる結果といえるのではなかろうか.

---

3) 自己啓発に対しては，製造業では「訓練」「教育」といった言葉が主に用いられているのに対し，銀行業では一般に「研修」という言葉が用いられていた．増田（1999）.
4) 正確には大学卒の社員に限られているなどの，一部条件が有する場合がある.
5) 大学卒は10％基準で有意性が認められているが，その水準自体高くはない.

2.2 過去1年間の自己啓発への取り組み状況

次に過去1年間の自己啓発への取り組み状況についてみていく．ここでは，とくに経済面に着目し，過去1年間に支出した自己啓発費について分析している．

自己啓発経験者に対し，過去1年間の自己啓発のために支出した費用があるかどうかを尋ねたところ，「自己啓発は行ったが支出は無し」が14.7％，「自己啓発に費やした額が6万円未満」が53.6％，「自己啓発に費やした額が6～12万円未満」が12.1％，「自己啓発に費やした額が12万円以上」が11.7％，「不明」が7.7％となっている．自己啓発支出がないサンプルを"0円"として算出した平均支出額は6.6万円である．月額にして約5,500円である．これに対し年間100万円以上費やした者も数サンプル確認された．

性別では，男性6.3万円，女性7.5万円とやはり女性のほうが高い．年齢別では，40歳代で8.2万円と若干高い（図7.2）．

自己啓発に要した費用の内容は，専門書，参考書の購入から資格取得のための専門学校への通学，さらには大学や大学院への通学など広範であるため，その支出額には大きなばらつきがみられる．具体的な自己啓発の内容については，生命保険文化センターが実施した「核家族世帯における家計の現状」（2000年3月）で窺い知ることができる．この調査では，過去2～3年に自己啓発を行った人を対象に具体的な取り組み内容まで尋ねている．

民間企業に従事する男性正規従業員に限定して自己啓発の内容をみると，「専門書・参考書などの購読」がもっとも高く約5割である（図7.3）．時系列調査ではないためその傾向を知ることはできないが，書籍購入による自学自習

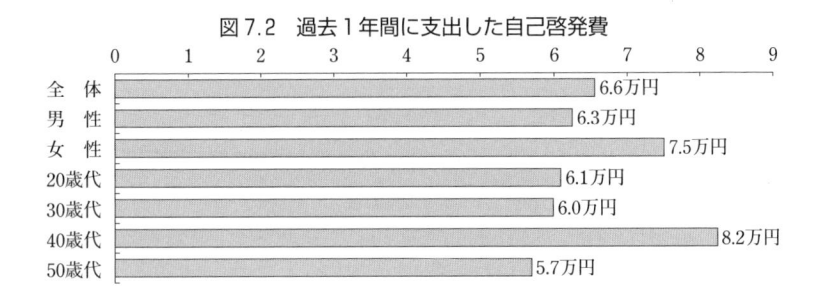

図7.2 過去1年間に支出した自己啓発費

	万円
全体	6.6万円
男性	6.3万円
女性	7.5万円
20歳代	6.1万円
30歳代	6.0万円
40歳代	8.2万円
50歳代	5.7万円

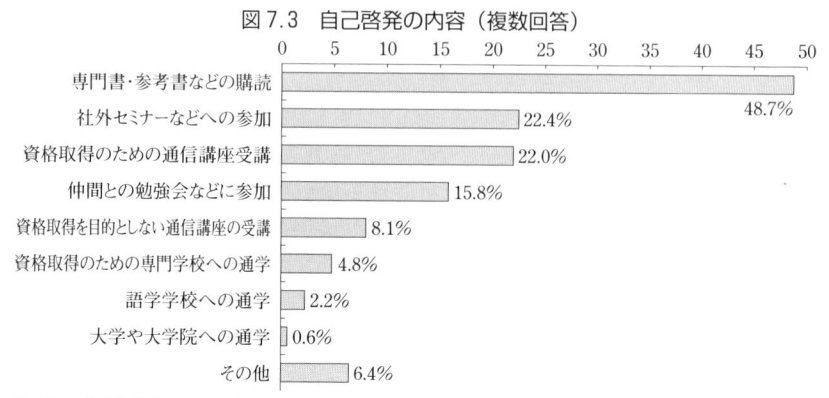

図 7.3 自己啓発の内容（複数回答）

- 専門書・参考書などの購読　48.7%
- 社外セミナーなどへの参加　22.4%
- 資格取得のための通信講座受講　22.0%
- 仲間との勉強会などに参加　15.8%
- 資格取得を目的としない通信講座の受講　8.1%
- 資格取得のための専門学校への通学　4.8%
- 語学学校への通学　2.2%
- 大学や大学院への通学　0.6%
- その他　6.4%

(出所)「核家族世帯における家計の現状」生命保険文化センター，平成12年3月．

を柱とした自己啓発は近年減少してきているものと推察される．こうした比較的安価ですむ自己啓発の一方で，外部機関の通信教育や通学による自己啓発は近年増加傾向を示している（後述）．先の調査では外部の通信講座受講者は28.6%と約3割，そして外部機関への通学者は7.6%となっている．あわせた外部機関利用者は4割近くに達し，自己啓発が書籍購入等による自学自習形式から，外部機関が主催する教育講座への参加形式に移行しつつあるようだ．

　自己啓発が自己研鑽という曖昧模糊とした目的から，"はじめから目標，やりたいことが定まっている"，"自分の市場価値を高める資格を取得したい"といった明確な目的へと変化している，という指摘と整合的である．「社外価値」「市場価値」というキーワードがメディアに頻繁に登場するようになり，自分の価値を高めようとする意識をもった人も多くなった．資格や技能の取得を目標とする自己啓発行動の増加である．

2.3　資格取得の現状

　自らの市場価値を高めるため，外部機関も利用し資格や技能を取得するという自己啓発行動がかつてないほど高まってきている．その一例を示したものが図7.4である．社会保険労務士，中小企業診断士の受験者数について1987年時点を100として作成したグラフである．この20年間で受験者数が2～4倍近くにふくれあがっていることがわかる．

第7章 自己啓発とスペクトラム

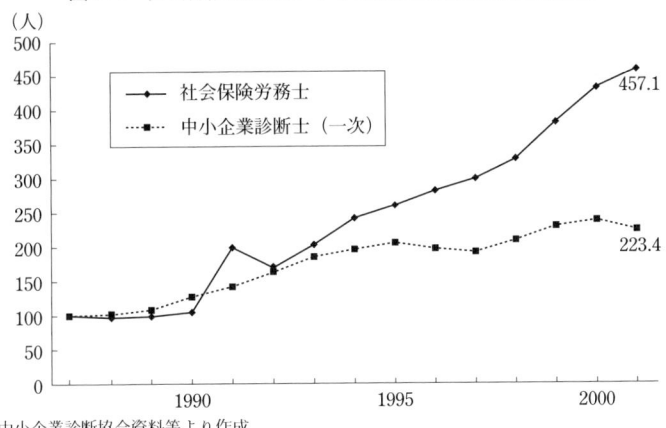

図7.4 社会保険労務士，中小企業診断士の受験者数推移

(出所) 中小企業診断協会資料等より作成.

こうした傾向は他の資格や技能においてもみられ，近年公的資格をはじめ多様な資格の取得を目指そうとする動きが活発化してきている．

一体こうした資格や技能の取得は，主にどういった属性で活発に行われているのであろうか．資格取得の現状をとらえるため，ワークスタイル調査では国家資格から民間が主催するものまで多様に存在する"資格"について，その取得状況と，今後の取得意向等について尋ねている．

調査では，次の16からなる資格を中心に，これまでの取得済み資格の有無，ならびに今後取得したいと考えている資格の有無の双方を尋ねている．

(1)税理士・公認会計士・簿記1級	(7)宅地建物取引主任者・不動産鑑定士	(13)保母・介護福祉士・社会福祉士
(2)弁護士・司法書士・行政書士・社会保険労務士	(8)情報処理技術者	(14)営業用運転免許
(3)中小企業診断士	(9)教員免許，司書，学芸員	(15)消費生活アドバイザー・ファイナンシャルプランナー
(4)弁理士	(10)英検（2級以上），TOEIC（600点以上）など	(16)カウンセラー，臨床心理士
(5)一般旅行業取扱主任者	(11)医師・看護師・薬剤師	(17)その他
(6)測量士・建築士・土地家屋調査士	(12)調理師・管理栄養士	(18)特にない

表7.2　取得済み資格の有無，今後取得したいと考えている資格の有無　　(単位：%)

		N	取得済資格がある割合	取得意向がある割合
全体		524	40.5	20.8
性別	男性	401	34.4	18.2
	女性	123	60.2	29.3
年齢	20歳代	162	48.1	33.3
	30歳代	131	42.0	26.7
	40歳代	121	35.5	12.4
	50歳代	102	34.3	3.9
学歴	高校卒	192	29.7	7.3
	短大・高専卒	72	51.4	31.9
	大学・大学院卒	230	46.5	28.7
ライフステージ	未婚	140	47.1	40.0
	既婚	374	38.0	13.6
	末子0～6歳	139	41.0	17.3
	末子7～12歳	59	42.4	18.6
	末子13～18歳	47	31.9	8.5
	末子19歳以上	75	38.7	1.3
本人年収	300万円未満	57	40.4	19.3
	300～500万円未満	162	43.2	24.7
	500～700万円未満	110	40.0	21.8
	700万円以上	127	43.3	15.0
職種	管理職	93	37.6	28.7
	事務職	101	36.6	22.9
	販売・営業職	96	42.7	24.3
	専門職	140	43.6	8.7
	現業職	46	32.6	28.9
	サービス職	38	42.1	33.3
業種	建設業	36	36.1	22.2
	製造業	151	33.1	18.5
	電気・ガス・水道業	19	31.6	10.5
	運輸・通信業	45	33.3	20.0
	卸売・小売業	64	21.9	10.9
	金融・保険業	48	56.3	35.4
	サービス業	125	56.0	27.2
従業員規模	1～29人	129	38.8	13.2
	30～99人	73	30.1	8.2
	100～299人	79	34.2	21.5
	300～999人	81	45.7	21.0
	1,000～4,999人	92	45.7	39.1
	5,000人以上	68	50.0	23.5

(注)　■は，全体より10ポイント以上高い属性．

その結果が表 7.2 である．最初に取得済資格がある割合をみていくと，全体では 40.5% と約 4 割がなんらかの資格を取得している．これを属性別にみていくと，女性（60.2%）や短大・高専卒（51.4%），金融・保険業（56.3%），サービス業（56.0%）で 5 割を超えている．年代別では若年齢層ほどその割合が高く，また未既婚別では未婚者のほうが高い．

取得済資格がある割合は，とりわけ男女間で歴然とした差が生じている．

女性が取得した資格を具体的にみていくと，「英検（2 級以上）TOEIC（600 点以上）など」が 13.0%（男性 6.0%），「教員免許，司書，学芸員」が 10.6%（同 1.7%），「税理士・公認会計士・簿記 1 級」，「医師・看護師・薬剤師」，「調理師・管理栄養士」，「保母・介護福祉士・社会福祉士」がそれぞれ 5.7% となっており，多様な資格を取得し働いていることが示されている．逆にいえば，女性が民間企業の正規従業員として継続就労していくうえでは，こうした資格の取得が有効であるのかもしれない．いずれにしても女性の資格取得の実態が明らかにされた点で注目される．

2.4　社会人大学院への進学意向

自己啓発の新たな潮流として，もう 1 つ注目されるのが社会人大学院である．多額の経費を要し，また限られた時間しかないにもかかわらず，大学院に進もうとする社会人が増加してきている．社会人大学院（修士課程）の入学者数は，1988 年に 1,087 名であったのが，1997 年には 4,305 名と着実に増加し，平成 13 年には在籍者数が 18,122 名と修士課程在学者数の 1 割を超えている．また，そのうち夜間主コース[6]は当初 10% 程度であったものが，バブル期の企業派遣等の減少による影響も加わり，97 年には 4 人に 1 人の割合にまで上昇してきている（図 7.5）[7]．

とはいえ，その数は正規従業員数からすると稀少である．勤め先からの通学が可能かどうか，仕事と勉学を両立できる職場環境・家庭環境であるか，などさまざまな制約が存在していることも要因であろう．

---

[6]　時間的制約の多い社会人等の便宜に配慮して，主として夜間に設置された大学院コース．
[7]　文部科学省の推計によると，2010 年には修士課程の入学者が 8,700 人，博士課程の入学者 2,300 人で社会人の大学院教育の中に占める割合は 17〜18% とされている．

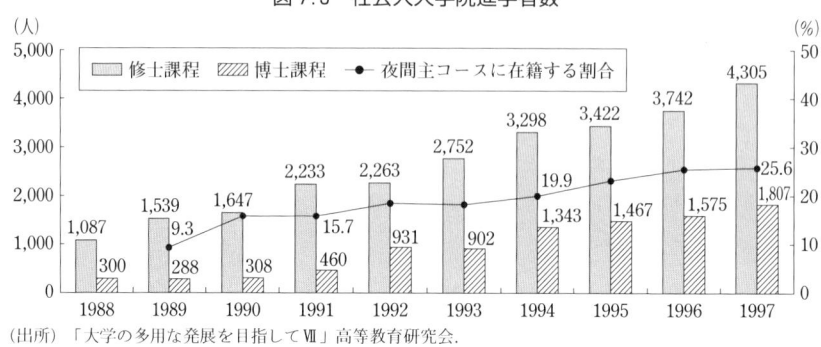

図7.5 社会人大学院進学者数

年	修士課程	博士課程	夜間主コースに在籍する割合(%)
1988	1,087	300	
1989	1,539	288	9.3
1990	1,647	308	
1991	2,233	460	15.7
1992	2,263	931	
1993	2,752	902	
1994	3,298	1,343	19.9
1995	3,422	1,467	
1996	3,742	1,575	
1997	4,305	1,807	25.6

(出所)「大学の多用な発展を目指してⅦ」高等教育研究会.

ワークスタイル調査でも，社会人大学院への進学状況を尋ねているが，結果として修了者は存在しなかった．ただし，「現在，進学を目指して努力している」が0.2%，「将来，進学を検討してみたい」が11.3%と，進学意向が1割以上に達している．性別ではやはり女性で16.3%と高く，年齢では20歳代(14.2%)，30歳代(14.5%)といった若年齢層，また未婚層や高収入層，勤め先の業種では金融・保険業が高い．先の自己啓発経験者の高い属性と近似的である．

論題から少し離れるが，文部科学省の調査によると，1991年には98,650人の大学院在学者（博士課程を含む）が，2000年には205,311人[8]と2倍以上に増加している．しかしながら，これを欧米と比較すると，日本は，人口千人あたりの大学院生が1.62人，学部学生に対する比率が8.3%（2000年）であり，アメリカの7.65人，16.6%，イギリスの5.89人，35.2%，フランスの3.5人，18.5%（いずれも1997年[9]）と比べてかなり低い数字である．

より高度な専門能力を求める企業の要請，少子化にともなう大学生の減少という大学側の事情等を背景に，社会人も大学で学びやすい環境をつくるため，修業年限を定めずに長期に在学できる「パートタイム学生」の創設なども検討されはじめている．また，複数分野の専攻による複数の学士号の付与，テレビ，ラジオといったマスメディアを活用する放送大学，インターネット上で授業や

---

[8] 外国人学生（23,729人）が含まれている．
[9] 文部科学省『教育指標の国際比較』より作成．諸外国はパートタイム学生を含む．

単位認定試験などを行う「バーチャル大学」の創設[10]など，自己啓発を目的とする社会人の受け皿は近年多様化してきている．本章の分析対象ではないが，国公立学校の教員に対して，身分を保証したまま大学院にフルタイムで在学することができる大学院修学休業制度が2001年4月から開始され，早々に全国で155名が同制度を利用し大学院に修学しはじめている．こうした一連の改革により社会人の大学院進学は一層高まることが予想される．

3. 自己啓発と雇用のモビリティ

自己啓発に対する取り組みの現状，そしてなかでも最近注目されている資格や技能の取得状況，社会人大学院への進学意向等を最新のワークスタイル調査からみてきた．これらの結果は，これまでのセパレートされていた大学卒業までの学業期間と就職後の就労期間が，就労と自己啓発という形でコンカレントな関係になりつつあることを示している．

こうした就職あるいは就社後の自己啓発の活発化と，成果として得られる資格や技能は，その後の就労にどういった影響を与えていくのであろうか．自己啓発の活発化が転職や就業形態面での多様化を促す要因となりうるのであろうか．

以降では，自己啓発行動をとった従業員の動機，そして取得後の職場満足，転職意向を自己啓発未経験者と比較分析することにより，転職や独立といった雇用のモビリティに与える影響について示唆する．

3.1 自己啓発動機

自己啓発は，そもそもいかなる動機から発生するのであろうか．現在の勤め先に継続して就労するうえで必要な能力の向上ために行うのであろうか．それとも，転職や独立を目指して取り組むのであろうか．ワークスタイル調査では，こうした自己啓発の動機についてとらえている．

その結果が，表7.3である．それぞれ個別に尋ねたところ，全体（N：524）

---

[10] 通信制を設置する大学は2001年4月で22大学，8大学院．

表7.3 自己啓発の有効性 (単位：％)

		転職，転業・独立に対する有効性		
		有効	どちらともいえない	有効でない
今の仕事を進めるうえでの有効性	有効	47.6	13.7	9.7
	どちらともいえない	1.6	11.3	1.2
	有効でない	4.0	4.8	6.0

では，「今の仕事を進めるうえで有効」と回答した割合は71.0％に対し，「転職，転業・独立に有効」は53.2％となっている．

この2つの有効性に対する評価を組み合わせてみたところ，"今の仕事を進めるうえでも，また転職，転業・独立に対しても共に有効"と回答した割合は47.6％であった．ところで日経連では，雇用されうる能力（エンプロイアビリティー）を「労働移動を可能にする能力＋当該企業のなかで発揮され，継続的に雇用されることを可能にする能力」と定義している．その意味では自己啓発行動をとった層の半数は，この両面での能力向上に寄与していると自己評価していることになる．

なお，"今の仕事を進めるうえでは有効だが，転職，転業・独立に対しては有効とはいえない"というこれまでの企業内能力重視型も9.7％と依然1割程度存在する．一方，この逆の"今の仕事を進めるうえでは有効とはいえないが，転職，転業・独立に対しては有効である"は4.0％とごくわずかである．

このように自己啓発経験者の動機からは，全体として継続的に雇用され続ける能力の向上を意図していることがわかる．ただし，同時に転職等の労働移動も可能にする能力である"雇用されうる能力"も加味したものとなっている．

これをさらに属性別にみたものが図7.6である．概観すると「今の仕事を進めるうえでの有効性」は，どの属性でも70％前後となっており大きな差異はみられない．これに対し，「転職，転業・独立に対する有効性」は属性によって随分大きな違いがみうけられる．具体的には，未婚（71.9％），女性（62.5％）では6割を超えており，20歳代（59.7％），30歳代（58.4％）といった若年齢層でも6割近くに達している．これに対し，50歳代では40.0％に留まっており，その差は30ポイントに達している．"勤め先以外でも雇用されうる能力"の向上を目指して積極的に取り組んでいる女性や若年齢層といった一部の

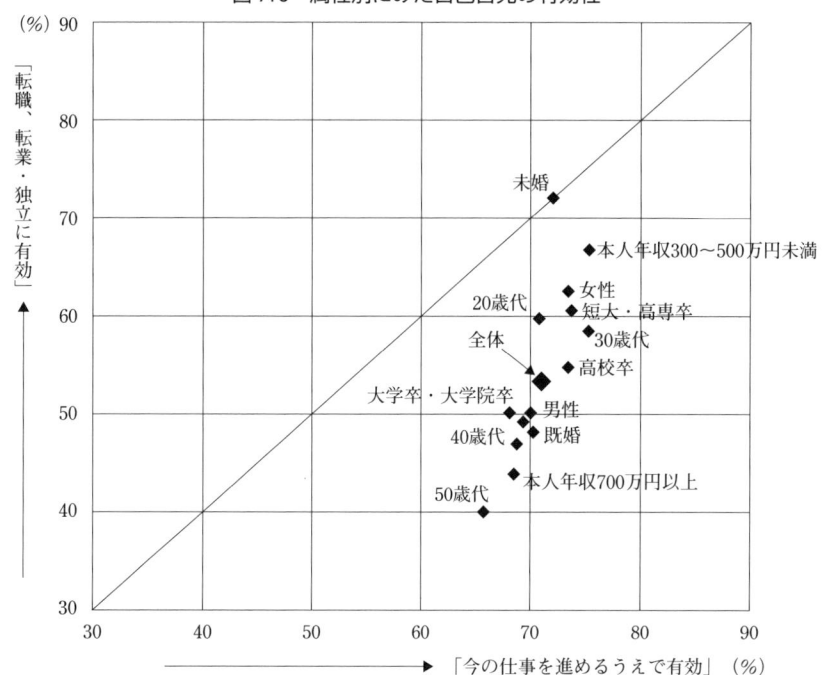

図 7.6 属性別にみた自己啓発の有効性

層では，今後自己啓発に誘発された雇用のモビリティが積極化することも予想される．

3.2 自己啓発による雇用のモビリティ

　自己啓発動機の分析結果からは，女性や若年齢層といった一部の層を除き，主に継続的に雇用され続ける能力の向上を重視し自己啓発を行っていることが明らかになった．こうした自己啓発行動がその後の職務や雇用にどのような影響を与えているのであろうか．自己啓発の活発化が，一層多様なワークスタイルを生起させるのかどうか．

　ここでは，自己啓発経験者と未経験者の仕事や勤め先に対する満足度や転職経験を比較分析することにより，自己啓発が雇用のモビリティに与える影響について考察する．

「現在の仕事・勤務先に対する満足度」を横軸に，「転職・独立経験」を縦軸にとり，自己啓発経験者，ならびに未経験者のそれぞれの割合をプロットしたものが図7.7である．

最初に"現在の仕事・勤務先に対し満足している"と回答した割合をみていくと，自己啓発経験者では56.9％と過半数を占めているのに対し，未経験者では36.2％と3人に1人の割合に留まっている．一方転職・独立経験をみると，自己啓発経験者は37.5％と未経験者の占率（49.6％）より10ポイント以上低い割合に留まっている．

自己啓発動機では"雇用されうる能力"の向上よりもむしろ"継続的に雇用され続ける能力"の向上を意図していた．その動機と整合するように，自己啓発経験者のほうが職場における満足度が高く，同時に転職・独立というモビリティが低い，という結果が得られている．自己啓発の活発化は，現時点ではむ

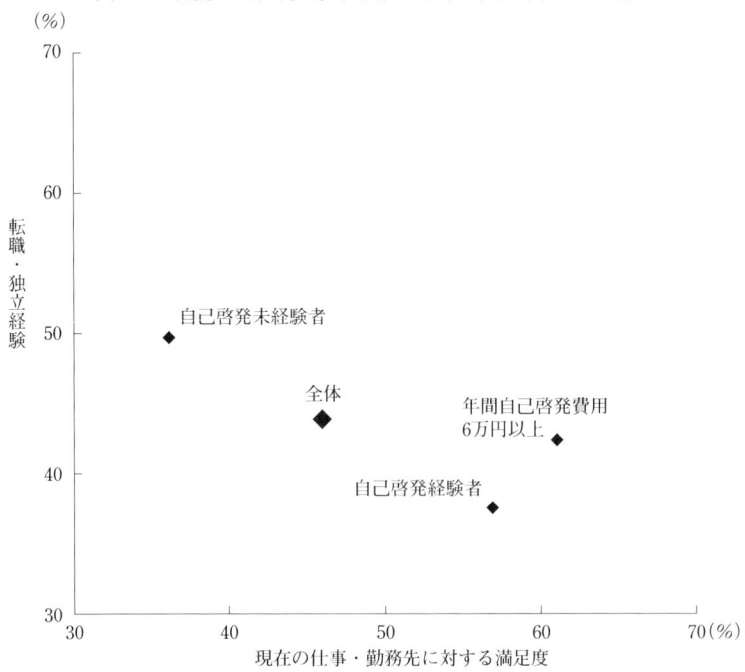

図7.7 職務・会社満足，転職独立経験（自己啓発経験別）

しろモビリティを抑制しているということになる．

これをさらに属性別に細かくみていく．自己啓発経験者と未経験者の両集団に属する性別や年齢構成の違いが先のような結果を導き出した，とも考えられるからである．

ここでは，両集団の「現在の仕事・勤務先に対する満足度」の差（DI）[11]，「転職・独立経験」の差に着目し，属性分析を行った．その結果，女性，短大卒といった一部の属性を除く大半の属性では，先の全体結果と同様の傾向が示されている．つまり，自己啓発経験者の方が「転職・独立経験」が高いのは，女性や短大卒といったごく限られた層であり，多くは自己啓発経験者の方でむしろ「転職・独立経験」が低いという結果が導出されている．とりわけ本人年収700万円以上といった高収入層や30歳代の自己啓発経験者は，未経験者と比較し圧倒的に「転職・独立経験」が低い．

また，「現在の仕事・勤務先に対する満足度」についても，程度の差こそあれすべての属性において自己啓発経験者の方が満足度の高い（DIが正の）結果となっている（図7.8）．

年齢や学歴を問わず自己啓発によって職務・会社満足が向上するのは，自己啓発行動が仕事の成果につながり，それが個々にとって意味のある報酬（賃金，職位・待遇，仕事内容の充実など）に結びついているからではないか．またその結果として「転職・独立」が抑制されているのではないか．

逆の解釈もできよう．すなわち，自己啓発未経験者はリストラにさらされるリスクが相対的に高いことが予想され，その結果職務・会社満足の低下や「転職・独立」割合の上昇という結果を引き起こす，という解釈である．いずれにしても，自己啓発行動が雇用のモビリティに対して負の影響があるという点は興味深い結果といえよう．

一方，この結果とは対照的に，自己啓発行動と今後の転職・独立意向との関連性は正の関係が示されている（表7.4）．自己啓発未経験者は"転職，転業，独立意向あり"が40.2％であるのに対し，経験者では43.5％と若干ながら上昇する．経験者のうち高額な自己啓発支出を行っている「年間自己啓発費用6

---

11) Diffusion Index：自己啓発経験者の満足度（転職独立経験）割合から未経験者のそれを引いた値．

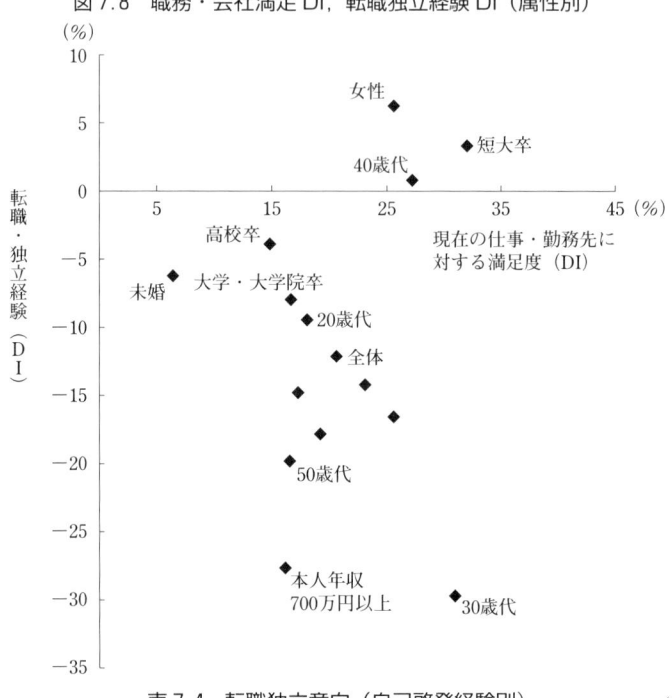

図7.8 職務・会社満足 DI，転職独立経験 DI（属性別）

表7.4 転職独立意向（自己啓発経験別） (単位：%)

	N	転職したい	転業したい	独立したい	転職，転業・独立意向あり	転職，転業・独立はしたくない	不明
全体	524	28.4	1.9	11.5	41.8	57.8	0.4
年間自己啓発費用6万円以上	59	37.3	0.0	16.9	54.2	44.1	1.7
自己啓発経験者	248	27.4	2.4	13.7	43.5	55.6	0.8
自己啓発未経験者	276	29.3	1.4	9.4	40.2	59.8	0.0

万円以上」層ではその割合が 54.2% と急上昇する．自己啓発経験者の方が今後の転職・独立意向が高くなる傾向を示すのである．

　この結果は，現在の勤め先に対する職務満足や会社満足が低下するような事態が発生したとき，自己啓発経験者は先んじて外部流出する可能性を示唆しているといえるのではないか．

4. 自己啓発とワークスタイルの多様化

　繰り返しになるが，自己啓発経験者は，女性や短大卒といった一部の層を除き，転職・独立経験が低く，同時に現在の勤め先に対する職務・会社満足が高いという調査結果が得られた．一方で，こうした自己啓発行動を取る層は今後の転職・独立に対しては強い意向をもつことも示された．このことは，報酬や待遇など勤め先に対する不満が噴出したとき自己啓発経験者では雇用のモビリティが一気に高まる可能性を示唆している．

　自己啓発経験者が勤め先に対し不満を露呈しはじめるのはどういった状況に遭遇した場合であろうか．ここでは，とくに勤務形態面に絞り，自己啓発経験者が望む働き方はいかなるものかについて明らかにする．そうした要望にそった働き方ができるかどうかが，今後の転職・独立意向に強く影響を与えるであろう，と考えるからである．

　そこで，勤め先での導入割合が比較的低い次の勤務形態に関わる 11 制度[12]に対し，今後の導入意向をみてみた．

(1)フレックスタイムや裁量労働制	(7)セカンドキャリアプログラム
(2)介護支援制度	(8)一定期間勤続した従業員が休暇を取得できる制度
(3)早期退職優遇制度	
(4)定年後の再雇用，勤務延長	(9)異なる就業形態間の相互転換制度
(5)在宅勤務制度	(10)兼業・副業を容認する制度
(6)転居を伴う転勤のない地域限定の勤務制度	(11)希望する部門，部署を選択できる制度

　その結果を，自己啓発経験者，未経験者に層別し分析したところ，自己啓発経験者では 11 制度のうち 7 制度に対し強い導入意向が示された（図 7.9）．

　具体的にみていくと，"一定期間勤続した従業員が休暇を取得できる制度（サバティカル休暇制度）"の導入希望割合は，自己啓発未経験者では 26.1% であるのに対し，自己啓発経験者では 33.5% と高く，なかでも年間自己啓発費用 6 万円以上の層では 47.5% と 2 人に 1 人の割合に達している．

　同様の傾向は，"兼業・副業を容認する制度"，"フレックスタイムや裁量労

---

12) ワークスタイル調査で導入割合が 3 割未満の諸制度を分析対象としている．

図 7.9 導入してもらいたい制度（自己啓発経験別，複数回答）

制度	年間自己啓発費用6万円以上	自己啓発経験あり	自己啓発経験なし
一定期間勤続した従業員が休暇が取得できる制度	47.5%	33.5%	26.1%
フレックスタイムや裁量労働制	35.6%	31.5%	30.1%
兼業・副業を容認する制度	30.5%	22.6%	12.7%
希望する部門，部署を選択できる制度	30.5%	26.2%	19.9%
在宅勤務制度	28.8%	23.4%	17.4%
介護支援制度	27.1%	27.0%	25.0%
早期退職優遇制度	25.4%	19.0%	14.1%
セカンドキャリア・プログラム	23.7%	19.0%	15.2%
定年後の再雇用，勤務延長	15.3%	14.9%	18.1%
転居を伴う転勤のない地域限定の勤務制度	13.6%	14.1%	10.5%
異なる就業形態間の相互転換制度	6.8%	8.9%	8.0%

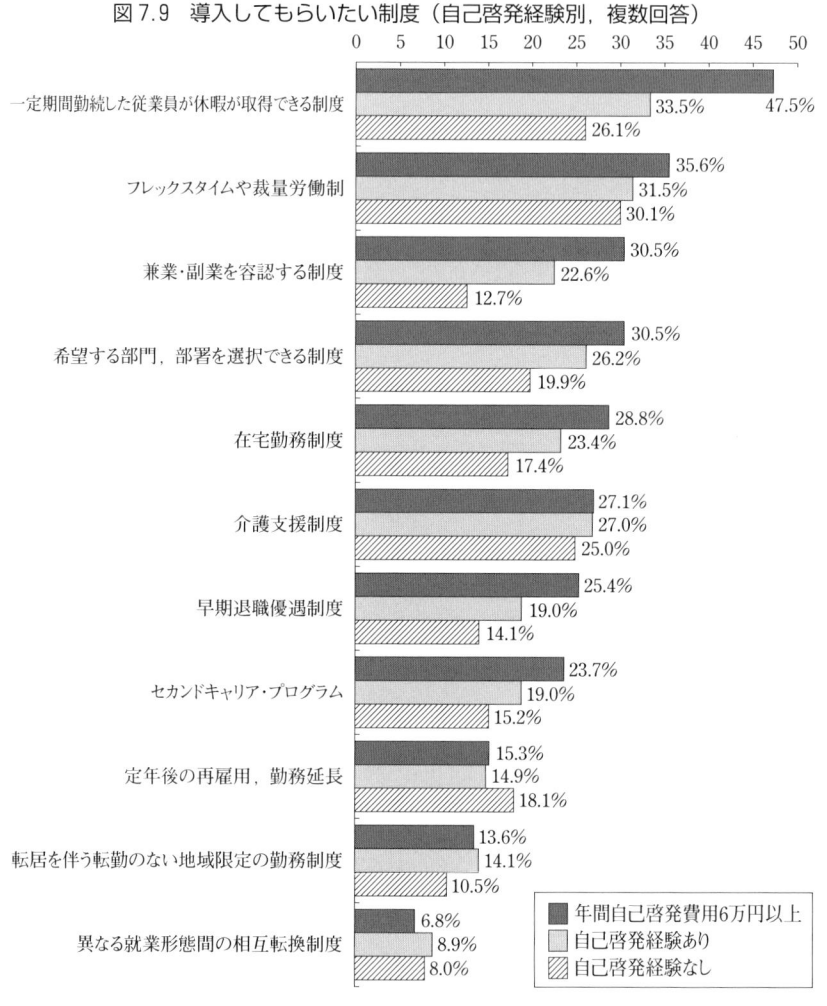

働制"，"希望する部門，部署を選択できる制度"，"在宅勤務制度"，"早期退職優遇制度"，"セカンドキャリア・プログラム"でもみることができる．

　自己啓発経験者，なかでも年間6万円以上も自己啓発に支出する層が導入を希望する諸制度をみていくと，自己裁量によるフレキシブルで効率的な勤務形態を実現したいという意識が浮き彫りになる．自己啓発経験者は，働いた時間

に対して報酬が払われるのではなく，労働の質や成果に対して報酬が支払われる仕組みへの変革を望んでいるようにも受け取れる．つまり，自己責任により能力開発を成し遂げてきた自己啓発経験者は，自己の裁量に基づき業務の遂行方法や時間配分などを自律的にコントロールできるような働き方を期待しているものと推察される．

5．おわりに

　本章では，最近にわかに活発化しはじめている自己啓発に着目し，資格や技能の取得，社会人大学院への進学といった新しい潮流も含めた最新の自己啓発行動の現状を分析した．

　若年齢層や女性を中心に積極化する自己啓発の現状が確認されるとともに，その動機は外部労働市場でも通用するような能力を身につけることに注力を傾けつつも，主眼は勤め先での職業能力の向上にあることが明示された．

　そうした動機に基づき自己啓発に取り組んできた層では，勤め先に対する仕事や会社満足が相対的に高く，また過去の転職・独立経験も少ないことが調査結果から得られた．

　同時に自己啓発経験者は，今後の転職・独立に対しては強い意向を示していることが明らかになった．このことは，報酬や待遇など勤め先に対する不満が噴出したとき，自己啓発経験者で先んじて雇用のモビリティが進む可能性を示唆している．

　自己責任により能力開発を成し遂げてきた従業員は，フレキシブルで効率的な働き方を希望している．換言すれば，自己裁量による自律的な働き方を期待しているようにも受け止められる．

　従業員が自らの職業能力開発を自己責任のもと自らデザインし，自身がやりたいことを明確化しはじめたとき，企業はそうした従業員個々の「やりたい」というモチベーションを，いかに活用し企業内でのパフォーマンスを上げるようなマネジメントをどう行っていくのかが今後求められるのではないか．

　冒頭で述べたように，企業は幅の広い高度な専門能力や創造力あるいは構想力，問題解決力などといった，これまでにない非定型的な職業能力を従業員に

求めだした．非定型的能力を保持した従業員への変革を要請するということは，一方でフレキシブルな働き方を受け入れるキャパシティも同時に求められはじめる点を念頭に置く必要があろう．しかし，今現在企業が勤務形態面で個人の希望にそった働き方を受容しマネジメントしていこうとしているのかについては必ずしもその方向性が示されているわけではない．

　自己啓発経験者の今後の転職意向が高いという調査結果が示しているように，勤務形態面でのフレキシビリティという側面で労使間のミスマッチが生じはじめたとき，自己啓発経験者は，より自らが望む働き方を目指し，他の企業に転職する，あるいは独立開業するという形で，今後一層雇用のモビリティが積極化するのではないか．

参考文献

波田野匡章（1999），「「専門性」を身につけるとは」，『Works』No.36，1999年10月，pp.58-59.

林大樹（1997），「自己啓発と職業生活の新潮流」，『創造的キャリア時代のサラリーマン』日本評論社，pp.124-134.

藤村博之（1997），「公的資格取得と労働移動」，『創造的キャリア時代のサラリーマン』日本評論社，pp.135-146.

松原敏浩（1999），「企業が期待する大学院教育―特に経営学を中心に―」，『愛知学院大学経営管理研究所紀要』第6号

西浦康一郎（2000），「労働者のキャリア形成に関する調査研究」，『LDI REPORT』2000年4月，pp.5-30.

増田康子（1999），「企業における「自己啓発援助制度」の成立」，『大阪大学教育学年報』第4号

八代尚宏編（1999），『市場重視の教育改革』日本経済新聞社．

参考資料

高等教育研究会（1999），「大学の多様な発展を目指してⅦ」，ぎょうせい．

日本労働研究機構（1997），「大学院修士課程の社会人学生に関する調査」．

日本労働研究機構（1998），「職業能力評価および資格の役割に関する調査」．

日本労働研究機構（2000），「業績主義時代の人事管理と教育訓練投資に関する調査」．

(財) 連合総合生活開発研究所 (1999),「勤労者のキャリア形成の実態と意識に関する調査」.
(財) 労働問題リサーチセンター, 厚生労働省職業能力開発局能力開発課 (1999),「社会人大学院生の実像発見－大学院等における社会人の自己啓発の現状及びその支援のあり方－」.
日経連教育特別委員会・エンプロイヤビリティ検討委員会 (1999),「エンプロイヤビリティの確立をめざして－従業員自立・企業支援型の人材育成を－」.

第8章　副業するサラリーマン
―― 新しい能力開発機会 ――

髙石　洋

1. はじめに

　サラリーマンの雇用環境は，ここ数年で大きな変化を遂げている．長引く不況は失業率を押し上げ，終身雇用と年功賃金は終焉を迎えつつある．一方で，ITの浸透による在宅ワーク，フレックスタイム制の導入や裁量労働の対象範囲の拡大など，サラリーマンにとってより柔軟な働き方を可能にする環境も整いつつある．

　本章では，その柔軟な働き方の1つである，「本業以外に別の仕事（以下，副業）も行うサラリーマン」に視点を置く．サラリーマンが副業を行うには，職場環境以外に家庭環境など，当人を取り巻く環境も影響していると思われる．副業を促す要因は何であるのか．副業はサラリーマンの生活設計にどのような影響を及ぼすのか．本章では，㈶生命保険文化センターが2000年に実施した『ワークスタイルの多様化と生活設計に関する調査』（以下，ワークスタイル調査）のデータをもとに，サラリーマンの副業を促す要因を探るとともに，副業の効果と生活設計との関係を明らかにする．そして，どちらかといえば日陰的イメージの強いサラリーマンの副業が，今後1つのワークスタイルとして確立していくかどうかを検証する．

2. サラリーマンの副業をめぐる現状

　まず，サラリーマンで副業を行っている者の推移と，企業の副業禁止の現状についてみていく．

2.1 副業者の推移

サラリーマンで副業を行っている者の割合は一体どのくらいであろうか.

『就業構造基本調査』(総務省統計局) をみると, 雇用者ベースで副業を行っている者は, おおむね5%前後で推移していることがわかる (図8.1). また, 同調査から, 「追加就業希望者 (現在就いている仕事を続けながら, 他の仕事もしたいと思っている者)」は, 1997年で約5%存在していることもわかる. このように, 雇用者で副業をしている者の割合は横這いであるが, 潜在的に副業を希望している者を含めると, サラリーマンにとって副業は無視できないワークスタイルとなっていることがわかる.

わが国で, 副業者が増加せず一定の割合のまま推移し続けてきた背景には, 副業を抑止するなんらかの要因があったと考えられる.

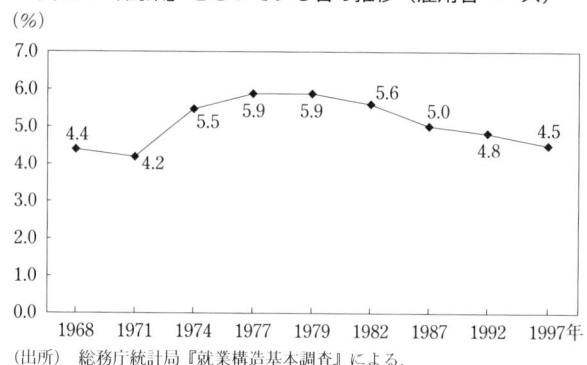

図8.1 「副業」をもっている者の推移 (雇用者ベース)

年	1968	1971	1974	1977	1979	1982	1987	1992	1997
(%)	4.4	4.2	5.5	5.9	5.9	5.6	5.0	4.8	4.5

(出所) 総務庁統計局『就業構造基本調査』による.

2.2 副業禁止規定

副業の障壁となる大きな要因として, 副業禁止規定[1]があげられる. サラリーマンで副業を行っている者がその事実を公にしたがらないのも, 勤務先に同規定が定められているということが最も大きな理由であろう.

日本労働研究機構の企業調査 (1995年) によると, 副業に関する取り扱いは, 就業規則で定められている企業がほとんど (83.6%) である. そして, 従業員

---

[1] 正社員の就業時間外に行う収入を伴う仕事を就業規則や内規・慣行で禁止すること.

表8.1 副業禁止の有無　　　　　　　　　　　　　　　　（単位：％）

従業員規模	N	禁止していない	届出を必要とする	届出を必要とし、届出が受理できるかどうかの基準がある	許可を必要とし、許可の基準がある	許可を必要とし、許可の基準がない	禁止している	無回答
全体	1,306	18.0	5.0	0.8	3.3	33.8	38.6	0.5
30人未満	42	40.5	2.4	—	—	19.0	38.1	—
30～299人	407	25.6	5.4	0.5	1.7	27.0	38.8	1.0
300～999人	529	14.2	5.1	1.1	4.0	36.9	38.8	—
1,000人以上	299	11.0	3.7	1.0	5.0	40.5	38.1	0.7

(出所)　日本労働研究機構『マルチプルジョブホルダーの就業実態と労働法制上の課題』1995年.

規模の大きい企業ほど就業規則で定められており，小さい企業ほど職場の慣行で取り扱われる傾向にある．表8.1は，従業員規模別に副業禁止の有無を調査したものである．これをみると，副業を「禁止している」割合は4割弱であり，従業員規模別にみてもほとんど変わりはない．しかし，「禁止していない」割合は，従業員規模が小さいほど高くなっていることがわかる．このことから，従業員規模が大きい企業ほど副業がしにくく，小さい企業ほど比較的簡単に副業しやすい環境であることがうかがえる．なお，公務員の場合は原則として，兼業が法律で禁止[2]されている．

それではなぜ企業は副業を禁止するのか．同調査によると「業務に専念してもらいたいから」という理由が主たるもので，その他，「企業秩序を乱すから」，「業務に悪影響を及ぼすから」等があげられている．そして，副業の禁止規定に従業員が抵触した場合は，解雇，減給，降格等といった，厳しい罰則が定められている．

図8.1でみられたように，サラリーマン副業者の割合は20年以上前から変化がみられない．これは，副業を希望しても就業規則の壁に阻まれて行えない者が多数存在すると思われる．同じサラリーマンでも，副業を行っている者といない者，副業を行ってはいないが希望する者と希望しない者では，職場環境

---

[2]　国家公務員法第101条・地方公務員法第35条.

や家庭環境および職業に対する考え方にどのような特徴や違いがあるのだろうか.

次節からはワークスタイル調査のデータを用い，具体的に分析を行っていく.
第3節で副業の最新の実態をとらえ，第4節で副業を促す要因を分析し，第5節で生活設計と副業の関係およびその効果を明らかにしていきたい.

3. 副業者，副業希望者の割合

まず，副業を行っている者や，副業意向のある者の割合をワークスタイル調査からみてみよう.

正規雇用者（民間企業の正社員＋公務員）を対象に，現在副業を行っているかどうかを尋ね，副業を行っていない者については今後副業を始めたいかどうかを尋ねた.

その結果，現在副業を行っている者（以下，副業者）は4.1％（N：34），現在副業を行っていないが副業意向のある者（以下，副業希望者）は24.7％（N：206），現在副業を行っておらず副業意向もない者（以下，本業専念者）は71.3％（N：595）となっている（図8.2）．なお，副業者の週平均副業時間は6.1時間で，平均副業年収は86.7万円となっている．また，男女比および平均年齢は表8.2のとおりである．副業者の割合は就業構造基本調査と同程度で少数派であるが，副業希望者の割合は予想以上に高く，サラリーマンの4人に1人が潜在的に副業意向をもっていることが示された．今後，この潜在層において副業を行える環境が整えば，副業者割合は急増する可能性がある．そして，サラリーマンの副業がワークスタイルの1つとして定着していくことも考えられる．

次節からは，副業者，副業希望者，本業専念者の3グループを比較すること

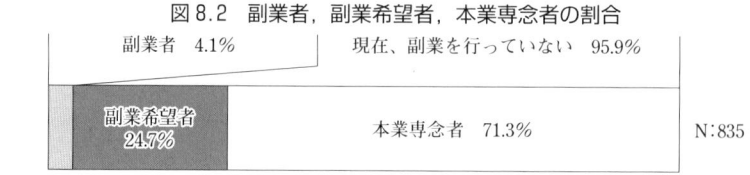

図8.2 副業者，副業希望者，本業専念者の割合

副業者 4.1%	現在、副業を行っていない 95.9%	
副業希望者 24.7%	本業専念者 71.3%	N:835

表8.2 男女比，平均年齢

		副業者	副業希望者	本業専念者
性別（%）	男性	73.5	76.7	79.7
	女性	26.5	23.3	20.3
平均年齢（歳）		42.1	37.7	39.0

により，サラリーマンの副業を促す要因と生活設計への影響を検証していくことにする．

4. 副業を促す要素の分析

本節では，副業を促す要因を検証する．まず，サラリーマンが副業を行う背景には，次の3つの要因が大きな影響を及ぼしていると仮定し，それらがいかに影響を与えているかを検証していく．

(1) 労働時間，収入，職種，住宅ローンの有無といったサラリーマンを取り巻く環境
(2) 収入をふやしたい，専門知識を活かしたいといった，副業を行うための動機
(3) 転職，独立といった将来の仕事に対する意向

4.1 環境要因

まずは，サラリーマンの副業と副業意向にどのような環境要因が影響を及ぼしているのかを探るため，プロビット分析により検証した．従属変数，独立変数は次のとおりである．結果は表8.3のとおりとなった．

従属変数……副業者（副業者＝1，副業希望者＝0，本業専念者＝0）副業希望者（副業希望者＝1，本業専念者＝0）

独立変数……性別，年齢，未既婚，子どもの有無，本人年収，住宅ローンの有無，従業員規模，業種，職種，週平均労働時間，転職経験の有無

表 8.3 副業を促す要因（プロビット分析）

独立変数	副業者 係数	副業者 t値	副業希望者 係数	副業希望者 t値
定数項	−3.279	−7.391	−0.681	−2.066
性別（男性＝1）	−0.137	−0.566	−0.065	−0.442
年齢：30歳代	0.438	1.967*	0.126	0.820
40歳代	−0.446	−1.248	0.198	1.196
50歳代	0.087	0.302	−0.433	−2.443**
未既婚（既婚＝1）	0.172	0.599	−0.159	−0.967
子どもの有無（あり＝1）	−0.135	−0.501	0.175	1.126
本人年収：500万円未満	0.487	2.119**	0.002	0.004
700万円以上	0.111	0.422	0.110	0.599
住宅ローンの有無（あり＝1）	0.408	2.051**	−0.075	−0.592
従業員規模：1〜29人	0.238	1.172	0.077	0.597
1,000人以上	−0.053	−0.209	−0.019	−0.140
業種：卸売・小売・飲食店	−0.129	−0.395	−0.196	−1.148
金融・保険業	0.184	0.485	0.065	0.325
公務	0.362	0.963	−0.430	−1.813*
職種：管理職	0.897	2.856***	−0.216	−1.311
営業職	0.750	2.494**	0.070	0.486
専門職	0.905	3.400***	−0.059	−0.467
週平均労働時間：45時間以下	0.324	1.733*	0.051	0.469
60時間以上	−0.158	−0.453	−0.138	−0.806
転職経験の有無（あり＝1）	0.370	1.709*	0.202	1.767*
サンプル数	835		801	

（注）　***は $p<0.01$　**は $p<0.05$　*は $p<0.1$

(1)副業者の生起要因

　副業者に影響を及ぼすものとして，年齢では「30歳代」で正の相関がみられた．ライフステージでは，30歳代は結婚・出産・住宅購入といったイベントを経験する時期であり，耐久消費財の購入，子どもの養育費，住宅ローン等なにかと支出の多い時期である．また，身体的にも働き盛りで多少無理がきく年代でもある．

　本人年収では「500万円未満」で，また「住宅ローンの有無」で正の高い相関がみられた．ワークスタイル調査において，副業者の本業年収は521.6万円と，副業希望者（549.1万円），本業専念者（569.2万円）に比べもっとも低くなっている．一方，副業者は「持ち家ローンあり」の割合が41.2％と，他のグループに比べ約10ポイント高くなっている．副業者は本業での収入が低く，

副業による収入は，住宅ローン支払いのために圧迫された家計を補助する役割を担っていると考えられる．

職種では，「管理職」，「営業職」，「専門職」ともに正の相関がみられ，なかでも「専門職」ではとくに高い相関がみられた．副業を行う理由として，専門知識や特技（仕事に関するものだけではなく，趣味やスポーツに関するものも含まれる）を活かすことが考えられるが，とくに，仕事に関する専門知識の有無は副業行動に大きな影響を及ぼしているといえる．一方，営業職はみなし労働時間制[3]等が認められていたり，他の職種に比べ社外で仕事をする機会が多く，会社内に拘束される時間が相対的に少ない．また，社外の者と接する機会も多く，仕事上の人脈から副業を行うきっかけが生まれる可能性も高いと思われる．そのような理由から副業を行いやすい環境であるといえよう．

週平均労働時間では「45時間以下」で正の相関がみられた．副業者の本業だけの週平均労働時間は47.7時間で，副業希望者（49.9時間）や本業専念者（50.5時間）に比べ，若干ではあるが短くなっている．労働時間が短ければ休日だけでなく平日にも自由時間が生まれ，副業の機会も増すといえる．

サラリーマンの就労環境は，フレックスタイムや在宅ワークといった働き方の普及にともない，時間的・空間的自由度が拡大してきている．このような傾向は今後ますます強まるとともに，従業員にとって会社に拘束されない時間の増加は，副業者の増加に結びつくものと思われる．

また，現在ワークシェアリング導入の議論が活発であるが，1人当たりの労働時間と収入を減少させて雇用を確保するこの制度は，副業機会を創出する可能性が高いと考えられる．

また，転職経験の有無も副業と正の相関がみられた．ワークスタイル調査では，転職経験者にその理由を尋ねているが，「仕事内容が自分に合っていない」，「より良い仕事を探すため」といった理由で高くなっている．本当に自分にあった仕事をみつけるために転職を考える人にとって，副業は適切な仕事を模索する機会になっているとも考えられる．『労働力調査年報』（総務省統計局）によると，就業者に占める転職希望者の比率は年々増加しており，2000年では

---

[3] 従業員が，就業時間の全部または一部について，事業場外で勤務する場合において，就業時間を算定し難いときは，所定の就業時間を勤務したものとみなす制度．

初めて10.0%となった．企業も従業員も終身雇用に対する意識は年々低下しており，さらに確定拠出年金制度[4]の普及も雇用流動化を促進させると指摘されている．こうした一連の動きからも副業者の増加を予感せずにはいられない．

(2)副業希望者の生起要因

次に，副業希望者の生起要因をみてみよう．前述のとおり，現在副業を行っていないサラリーマンのうち，4人に1人が副業を行ってみたいと考えている．こうした副業への意向を抱く要因について，先の副業者と同じ変数を用い分析を試みた．

その結果，年齢では「50歳代」で負の相関がみられた．前項の副業者の生起要因では「30歳代」で正の相関がみられた結果とは対照的である．両者の結果からは，30歳代では副業をポジティブにとらえ，その周辺の20歳代，40歳代は副業に対しニュートラル，そして50歳代では逆に副業に対しネガティブになる，という世代の相違が映し出されている．50歳代にもなると，それ以下の年代よりも相対的に収入も多く，定年までつつましく勤めあげたいという意識も少なからず芽生えるのではないだろうか．他方，体力面は後退してしまう．そうした違いが副業に対する消極的な意向として現れていると考えられる．

業種では，「公務」で負の相関がみられた．公務員は民間企業のサラリーマンに比べ，給与も雇用もまだまだ安定していると思われる．公的年金も厚生年金より支給額が厚いが，先にも述べたように，法律上兼業禁止となっているため，副業を行いたいという発想自体浮かばないのではないだろうか．

一方，転職経験の有無では正の相関がみられた．前項でも，副業者に正の相関がみられたことからも，転職経験は副業を促す大きな要因となっていることがうかがえる．転職で複数の会社生活を経験した者は，いわゆる「就社から就職」という意識がより強くなり，副業も能力発揮の1つの機会としてポジティ

---

4) 毎月の拠出額を決めておき，将来受け取ることのできる年金や一時金などの給付額が運用実績に応じて変動するタイプの年金制度．加入者は自分で運用先を選定することができ，転職時には全額非課税でもち運ぶことができる．このポータビリティによって雇用の流動化が促されるといわれている．平成13年10月より施行された．

ブにとらえ，結果として転職経験者は副業意向が強くなるのであろう．

4.2 副業動機からみた副業を促す要因

次に副業を促す2つ目の要因を，副業を行う（希望する）動機からみていく．副業者と副業希望者ではその動機にどのような違いがみられるのであろうか．

副業者には「なぜ副業をしているのか」，副業希望者には「なぜ副業をしたいと思うのか」をそれぞれ尋ね，回答の相違から実際に副業を行っている層の動機の特徴を明らかにする（図8.3）．

まず，副業者の動機をみると，「専門知識や技能・趣味を活かしたいから」が55.9％ともっとも高くなっている．たとえば，フィナンシャルプランナーの資格をもつ者が雑誌等に記事を書いたり，スキーのライセンスをもつ者が，冬休みの間インストラクターの仕事を請け負うといったことがあげられる．次いで，「自分の小遣いを得るため」(29.4％)，「本業の収入だけでは生活が苦しいから」(20.6％)，「時間を有効に使いたい」(20.6％) の順となっている．金銭的な理由をあげている割合は低くなっていることがわかる．副業を行っている者はその動機として，収入増より専門性発揮の要素が強いという傾向が顕著に現れている．前項の副業者の生起要因分析において，「専門職」で非常に高い正の相関がみられたことと整合的である．

ちなみに，副業希望者では，「自分の小遣いを得るため」が39.3％ともっと

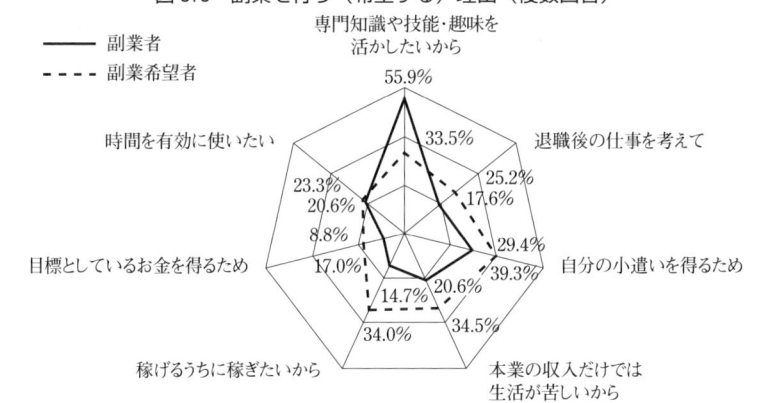

図8.3 副業を行う（希望する）理由（複数回答）

も高く，次いで「本業の収入だけでは生活が苦しいから」(34.5%)，「稼げるうちに稼ぎたいから」(34.0%) となっており，副業者に比べると金銭的要素の高さが目立つ．副業者でもっとも高かった，「専門知識や技能・趣味を活かしたいから」は33.5%と，副業者に比べ20ポイント以上下回っている．

副業行動を動機からみると，副業者は専門知識や技能・趣味が備わっており，それを活かすために副業を行っている者が多い．一方，副業希望者は漠然と収入増を考えて副業を希望しているという傾向が現れた．本業の収入は副業希望者（549.1万円）よりも副業者（521.6万円）のほうが低いにもかかわらずこのような傾向が鮮明に現れたことは興味深い．副業を行うためには収入を得られるレベルの専門性をもつことが重要で，実際副業を行えば副業から得られる収入よりも，専門性を活かせる精神的な満足感が大きいということを物語っているのかもしれない．

4.3 将来の仕事に対する意向

最後に，転職，独立・転業といった将来の仕事に対する意向が，副業を促す重要な要因となっているかどうかを検証する．ワークスタイル調査では，「あなたは今後，転職，独立・転業をしたいとお考えですか」と尋ねている．

その結果，将来「転職したい」とする割合は，副業希望者で35.6%と高くなっている．将来「独立・転業したい」とする割合は，副業者で12.2%，副業希望者で32.1%と高くなっている．一方，将来「転職，独立・転業はしたくない」とする割合は，副業者，副業希望者で低く，本業専念者で80.3%と高くなっている（図8.4）．

注目すべきは，副業者の割合は全体の4.1%にもかかわらず，独立意向がある層でみるとその割合は12.2%と約3倍にのぼっている点である．前節の副業理由でみたように，副業者は，専門知識や技能・趣味を活かすために副業を行っている割合が高い．このことから副業は，将来独立するためのステップとなっていると考えられる．したがって，将来独立しようと考えることは，副業を促す1つの要因となっているといえるのではないだろうか．

ちなみに，転職意向がある層と独立意向がある層のいずれも副業希望者の割合が，それぞれ35.6%，32.1%と高くなっているが，とくに転職意向がある

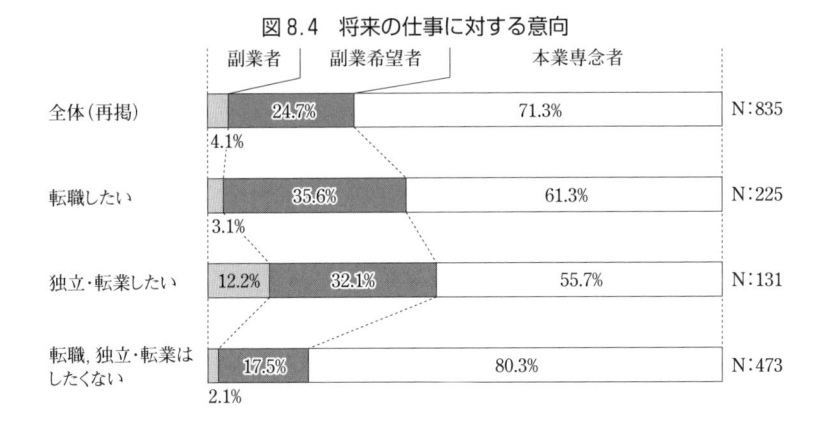

第 8 章　副業するサラリーマン　　　　　　　169

図 8.4　将来の仕事に対する意向

凡例：副業者／副業希望者／本業専念者

	副業者	副業希望者	本業専念者	N
全体（再掲）	4.1%	24.7%	71.3%	N:835
転職したい	3.1%	35.6%	61.3%	N:225
独立・転業したい	12.2%	32.1%	55.7%	N:131
転職，独立・転業はしたくない	2.1%	17.5%	80.3%	N:473

層において顕著である．前節のプロビット分析では副業者と副業希望者の両者において，転職経験の有無で正の相関がみられた．副業希望者は独立可能なレベルの専門知識や技能はまだまだ備わっていないものの，転職により，専門知識や技能をより活かしたいと考えているのであろう．副業希望者が専門性を身に付ければ，転職志向よりも独立志向が強くなり，実際に副業を行うようになるのかもしれない．

　副業希望者で転職意向が高くなり，副業者で独立意向が高くなっていることから，転職，独立意向は副業を促す要因となっていることが証明された．

4.4　副業を促す 3 つの要因

　以上の分析結果から，副業者を形成する要因の違いが明らかになるとともに，副業を実行せしめる 3 つの要因が浮き彫りとなった（図 8.5）．

　1 つ目の要因は職場や家庭の環境である．関連性の高いものとして，労働時間，収入，住宅ローンの有無等があげられる．繰り返しになるが，労働時間が短ければ本業以外の仕事の時間を確保しやすくなる．本人収入の低さと，住宅ローンの存在は収入増のための副業のきっかけとなる．また，当然のことながら副業禁止規定も職場環境の 1 つとしてあげておかなければなるまい．副業の禁止規定が緩ければ副業を実行しやすいのは説明するまでもない．

　2 つ目の要因は専門性である．前節の副業動機から，専門知識や技能の有無

図 8.5 副業者，副業希望者，本業専念者を形成する要因

	副業者	副業希望者	本業専念者
環境	30歳代，住宅ローン，年収少ない，労働時間短い，転職経験	転職経験	変化が少なく安定的（50歳代，公務）
動機	専門性の発揮	収入アップ	―
将来の仕事に対する意向	転職・独立希望（独立意向強い）	転職・独立希望（転職意向強い）	終身雇用希望

が副業者と副業希望者の決定的な違いとなっていることがわかった．また，プロビット分析から副業者の職種で専門職に強い正の相関がみられる点からもそれは明らかである．やはりなんらかの能力があれば，その能力に応じた副業を実行しうるといえるだろう．

3つ目の要因は独立志向である．現在の職場で定年まで働き続けるよりも独立を希望し，それに向かって努力していく．独立するためには専門性が欠かせないことから，副業で専門性を磨くことは，独立するための準備期間と考えると，独立志向は副業を実行せしめる要因の1つとなっているのではないだろうか．

ちなみに，現在副業を行っていない者でも，副業を希望する者には，環境では転職経験，動機では収入アップ，将来の職業ビジョンでは転職志向で関連性がみられた．逆に副業を希望しない者は，将来も今の仕事を続けたいといった職業ビジョンが目立っている．

5. 副業と生活設計

前節では副業を促す要因を検証してきた．将来の仕事に対する意向では，独立志向が副業者の生起要因の1つとなっていることが検証された．将来，転職や独立をしたいと考える者は，仕事に対するビジョンを描くだけでなく，生活設計の策定や見直しにも発展していくと考えられる．このように考えると，副業と生活設計には深い関わりがあると思われる．また，サラリーマンが副業を

行うことで得られるもの，たとえば臨時収入や得意分野に関係する仕事を行うことによる充実感や自信などは，サラリーマンの生活設計に影響を与えていると考えられる．

ここでは，副業が生活設計にいかに影響を及ぼしているのか，また副業の効果はどのように表れているのかをみていくことにする．

5.1 副業が生活設計の策定に与える影響

ワークスタイル調査では，生活設計の有無およびその期間を，次の具体的な4項目でそれぞれ尋ねている．

(1) ライフイベントの選択（結婚，出産，住宅取得など）
(2) 資産形成や保障準備
(3) 転職・独立・引退の時期や内容
(4) 職業能力の向上

それぞれ計画を立てている割合をみると，いずれについても副業者でもっとも高くなっていることがわかる（表8.4）．副業というワークスタイルを実行することで，収入がふえたり自分の専門分野に自信が生まれ，生活設計の策定や見直しを行いやすくなっていると考えられないだろうか．とくに(3)転職・独立・引退の時期や内容，および(4)職業能力の向上では，本業専念者（35.5％，35.3％）＜副業意向者（42.2％，45.1％）＜副業者（64.7％，61.8％）の順で顕著に「計画を立てている」が高くなっており，副業者と本業専念者では，30ポイント近くの差が生じている．副業者と副業意向者は，将来転職や独立を希望する割合が高くなっていた．キャリア形成を行いエンプロイアビリティを高めるには，しっかりとした職業計画を立て，能力開発を行っていかなければならないことを理解しているのであろう．

以降では，副業と生活設計との関わりをさらに詳細にみていくことにする．具体的には，副業を行うことによる老後保障準備，労働意欲，自己啓発経験への影響をみてみる．

5.2 老後保障準備への影響

資産形成や保障準備における目的の1つに老後保障準備がある．図8.6は，

表8.4 生活設計の有無 (単位:％)

	(1) ライフイベントの選択			(2) 資産形成や保障準備		
	副業者	副業希望者	本業専念者	副業者	副業希望者	本業専念者
計画を立てている	64.7	44.7	45.0	58.8	44.7	46.1
1年後位	14.7	6.8	8.4	5.9	6.8	6.2
5年位	17.6	20.9	21.5	11.8	10.7	15.1
10年位	20.6	10.7	7.4	17.6	14.6	12.9
10年以上	11.8	6.3	7.7	23.5	12.6	11.8
計画は立てていない	35.3	54.4	53.9	35.3	54.4	53.1
不明	0.0	1.0	1.0	5.9	1.0	0.8

	(3) 転職・独立・引退			(4) 職業能力の向上		
	副業者	副業希望者	本業専念者	副業者	副業希望者	本業専念者
計画を立てている	64.7	42.2	35.5	61.8	45.1	35.3
1年後位	20.6	12.1	8.7	23.5	17.5	12.3
5年位	29.4	18.4	15.1	26.5	20.4	17.3
10年位	5.9	6.8	7.4	5.9	3.4	3.2
10年以上	8.8	4.9	4.2	5.9	3.9	2.5
計画は立てていない	32.4	57.3	63.7	35.3	54.4	63.9
不明	2.9	0.5	0.8	2.9	0.5	0.8

老後に備えた自助努力の経済的準備をしているかどうかを尋ね，「老後保障準備あり」の割合を年代別に表したものである．年代別に比較することにより，各グループ間の平均年齢の違いによるバイアスを排除することができる．

その結果，全体で副業者73.5％，副業希望者56.5％，本業専念者48.1％となっており，なおかつどの年代でも副業者がもっとも高くなっている．副業者はライフイベントや，転職・独立・引退の計画を立てている割合が高く，老後保障準備も若いうちから計画的に取り組んでいることがわかる．また前節で，副業者はとくに独立意向が高いことがわかったが，もし現在の会社を退職し独立するとなると，公的年金は厚生年金から国民年金となるだけではなく，企業からの退職金（退職一時金・企業年金）は得られなくなる．老後保障の弱体化は明白である．そのような者は，将来の職業計画を考慮していまのうちから自助努力を行っているとも考えられる．

図8.6 老後保障準備

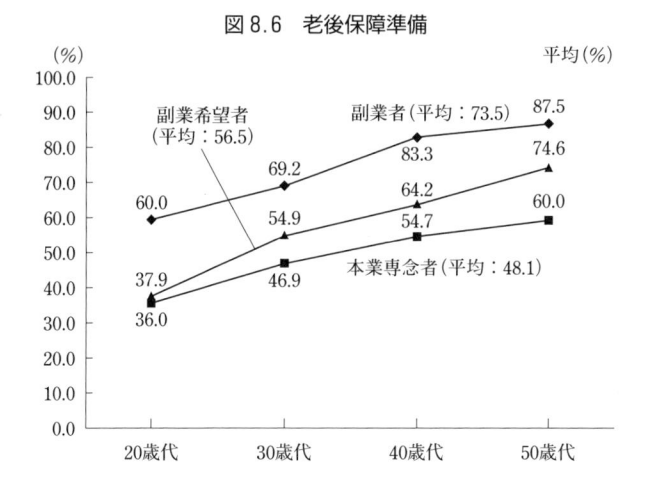

グラフ：
- 副業者（平均：73.5）：20歳代 60.0、30歳代 69.2、40歳代 83.3、50歳代 87.5
- 副業希望者（平均：56.5）：20歳代 37.9、30歳代 54.9、40歳代 64.2、50歳代 74.6
- 本業専念者（平均：48.1）：20歳代 36.0、30歳代 46.9、40歳代 54.7、50歳代 60.0

5.3 労働意欲と自己啓発への影響

　副業者は，転職・独立・引退の時期や内容，および職業能力の向上の計画を立てている割合の高さが目立った．ここでは，副業を行うことで労働意欲や向上心にどのような影響を促しているのかを具体的にみていく．

　まず，副業を行うことは仕事の引退時期にどのような影響を及ぼすのかをみてみよう．ワークスタイル調査では，現在の雇用形態にこだわらず何歳くらいまで働きたいと思うか尋ねている．

　その結果，副業者は63.1歳，副業希望者は61.8歳，本業専念者は61.7歳となり，副業者の希望する引退時期は遅くなっている．年代別でもおおむね同様の傾向がみられる．ちなみに，ワークスタイル調査では自営業者にも同じ質問を行っているが，結果は65.1歳となっており，自営業者の引退時期はサラリーマンと比べ遅くなっている．一般に自営業者は「一生現役」などといわれるが，その傾向は明白である．この結果には，副業者は独立意向の高い者が多いということが影響を与えているものと思われる．すなわち副業を行うことで，独立することを前提に引退時期を考えたり，定年退職後以降も働く自信と意欲があるのか，いずれにせよ副業者の労働意欲は高いといえる．

　公的年金の支給開始年齢が段階的に65歳に引き上げられるが，サラリーマンの定年時期はおおむね60歳となっているのが現状である．今後は60歳を超

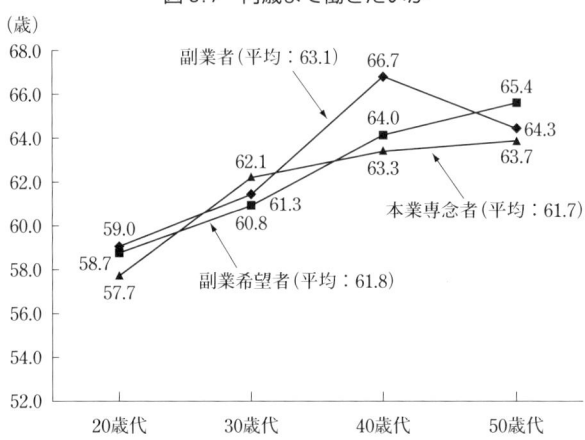

図 8.7 何歳まで働きたいか

(グラフ)
- 副業者（平均：63.1）：20歳代 59.0、30歳代 62.1、40歳代 66.7、50歳代 65.4
- 本業専念者（平均：61.7）：20歳代 58.7、30歳代 60.8、40歳代 64.0、50歳代 64.3
- 副業希望者（平均：61.8）：20歳代 57.7、30歳代 61.3、40歳代 63.3、50歳代 63.7

えた雇用延長が進むものと期待するが，60歳からの収入減は必至であると思われる．そのような状況下でも，副業者は収入減を少しでも補うことが可能であるといえるだろう．

次に，職業能力の向上という観点からみてみる．サラリーマンの職業能力向上を計る物差しの1つとして自己啓発があげられる．そこで自己啓発経験がある割合をみると，副業者64.7％，副業意向者60.7％，本業専念者47.9％となっており（図8.8），副業者，副業希望者の向上心の高さがうかがえる．副業者は現在もっている専門性を維持・向上するために，副業希望者は専門性を身につけるために自己啓発に取り組んでいるのであろうか．

副業を促す要因の1つとして専門性があることが明らかになったが，副業希望者が自己啓発によって専門性を身につけることができれば，副業者へと変わる可能性は高い．そのような観点からみると，教育訓練給付制度[5]の普及は今後副業者を増加させる要因の1つになると思われる．制度利用者は順調に増加しており，2001年4月で約42万人が受給している．同制度の導入により，中

---

[5] 労働者が自発的に能力開発に取り組むことを支援し，雇用の安定をはかることを目的として1998年12月に創設されたもので，支給要件を満たしている労働者が自ら費用を負担して厚生労働大臣が指定する教育訓練を受講し，終了した場合にその教育訓練に要した費用の一部を支給するものである．

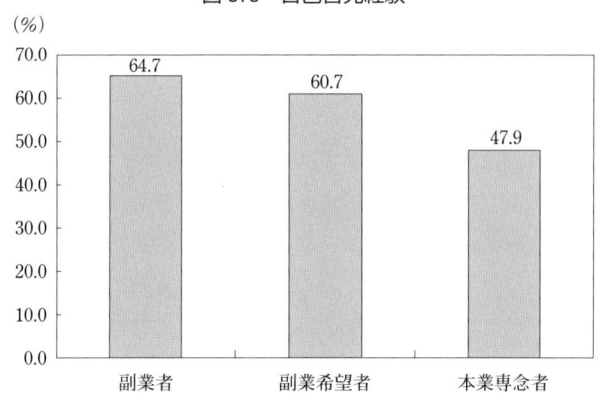

第8章　副業するサラリーマン　　　　　　　　　　　　　　175

図8.8　自己啓発経験

(%)
- 副業者: 64.7
- 副業希望者: 60.7
- 本業専念者: 47.9

　小企業診断士や社会保険労務士といった難易度の高い資格にチャレンジする者が増加[6]したようである．その結果，取得した資格をいかした副業を行う者が今後増加すると予想できる．

　いずれにせよ，職業能力を高める行為は将来の転職・独立の準備となり，また，やむをえない理由で失業した場合は次の仕事を探すときの助けにもなるであろう．

　ちなみに，本業専念者は，将来の仕事に対する意向（図8.4）に表れたように，現在の企業で定年まで迎えたいとする割合が高く，転職・独立・引退はもとより，職業能力の向上についても計画を立てている割合が3割台に留まっている（図8.8参照）．これらのことをふまえると，仕事に対する向上心や危機感が希薄であるとの印象を受ける．

　このように，サラリーマンの副業と生活設計には深い関連があることが示された．節頭でも述べたように，副業というワークスタイルを選択した結果，自分のキャリア形成，能力向上，ライフイベント選択や資産形成といった生活設計の見直しや策定がより行いやすくなったと考えることができる．

---

6)　たとえば，社会保険労務士の受験者数は1995～98年の3年間では6,386人の増加に対し，1998～2001年の3年間では12,485人の増加となっている．

6. まとめ

これまでの分析結果をまとめると図8.9のようになる．

サラリーマンの副業を促す要因として，環境，専門性，転職・独立志向の3つが重要であることがわかった．一方，副業と生活設計には深い関わりがあり，サラリーマンが，副業という1つのワークスタイルを選択するとき，ライフイベントの選択，職業能力の向上といった生活設計を真剣に考えることにつながる．そして，サラリーマンの副業効果は，収入増による消費拡大と，転職・独立の準備期間の役割を担っているとともに，いざというとき（会社の倒産や人員整理など）の生活防衛手段の役割も果たすと思われる．また，今回の調査ではうかがってはいないが，人脈や視野が広がったり，本業における能力活用・向上といった効果も想像できる．

さらに副業の効果は生活設計にフィードバックされ，設計の見直しが行われるものと思われる．このようにして，ワークスタイル（副業）・生活設計・副業効果が好循環を繰り返していけば，サラリーマンの副業は1つのワークスタイルとして確立していくのではないだろうか．

サラリーマンを取り巻く環境は，予想できないスピードで変化している．成果・能力主義で収入は不安定になり，さらには会社の倒産や人員整理で職自体を失う恐れがある．安定した収入は保障されずつねに成果を求められ，会社の倒産の心配もしなければならない．もはや，サラリーマンは自営業化しているといえるのではないだろうか．自営業者ならば，事業が不振の場合，業態を変

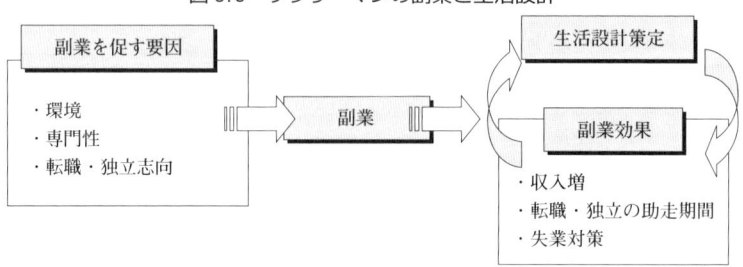

図8.9 サラリーマンの副業と生活設計

えたり経営を多角化するといったフレキシビリティがある．しかしながら，サラリーマンは転職もなかなか思いどおりにいかないのが現実である．

『平成13年度　生活保障に関する調査』(㈶生命保険文化センター)で，生活設計を立てない者にその理由を尋ねている．その結果は，「将来の見通しを立て難いから」が27.9％ともっとも高く，次に「経済的余裕がないから」(25.6％)となっている．将来の見通しが立て難いのは，いうまでもなく，世帯主の賃金や雇用の不安定化の現れと考えられる．そのような環境で，将来の見通しを立てる補助的役割としての副業を希望する者はふえていくと予想される．また，雇用の流動化が進むなか，本当に自分に合った会社を求める者や，独立して自分の力を発揮したいと考えている積極的な者にとって，助走期間として副業を希望する人は今後増加していくだろう．

先にも述べたが，柔軟な雇用環境の整備，転職意識の高まり，教育訓練給付制度の施行といった背景によってサラリーマン副業者が増加する可能性は非常に高まるものと思われる．また，先行研究で，大木(1997)においては，雇用者ベースで約25人に1人がマルチプルジョブホルダー(複数の就業機会から収入を得ている者)で，労働市場のなかですでに大きな存在となっており，潜在的な副業希望者を考慮すると，現在以上に大きな存在になる可能性があるとしている．

サラリーマンが副業というワークスタイルを享受できるかどうかは，何度も述べるように，職場環境が大きく関わってくる．企業経営者も，不況で業績が悪化してから人員削減のための早期退職者を募集するよりも，普段から従業員に収入増や転職・独立のチャンスを提供することは決してマイナスではなく，むしろ従業員にとっても企業にとってもプラス面が多いと思われる．そんななか，「日本IBMでは来年にも兼業禁止規定を見直し，2万人強の全社員に『二足のわらじ』を認める．『優秀な人材ほど活躍の舞台を外に求める．兼業を認めて自由度を広げた方が流出を防げる』と発想の転換をする」(『日本経済新聞』2001年5月15日)といった記事もみられるようになった．

また，現在失業率の増加にともないワークシェアリング導入の議論が活発であるが，「『副業の自由』提案へ　電機連合は今春闘で，傘下企業の社員がアルバイトなど他の仕事に就くことを禁じた従来の就業規則を見直し，経営側に

『副業の自由』を認めるよう要求していることを，加盟労組に促す方針を明らかにした．春闘の焦点になるワークシェアリングの導入にともなって，労働者の給与が減る分を穴埋めするのが狙いで，経営側も副業容認の検討に応じる方向だ」（『東京新聞』2002年1月20日）といったように，サラリーマンの副業は今後のワークスタイルの1つとして定着しそうな気配を漂わせている．

くしくも『平成13年版厚生労働白書』のタイトルは『生涯にわたり個人の自立を支援する厚生労働行政』となっており，政府は労働者個人個人に自立を求めている．企業も雇用者に自立を求めるならば，働き方の自由度を高める工夫が必要ではないだろうか．すなわちサラリーマンであることのリスクを回避する選択肢を増やすことである．労災の認定基準の問題や自社に対するロイヤリティ低下の恐れといった問題はあるが，たとえば人材派遣会社を通じた副業の紹介を，社内イントラで行うことができるようにするといった機会の提供はできないだろうか．企業は従業員の自立した生活設計を支援する意味において，能力の発揮・向上および転職・独立のステップ，または失業時のセーフティネットとして，副業を容認すべきである．

参考文献

総務省統計局「就業構造基本調査」．
総務省統計局『労働力調査年報』．
厚生労働省『平成13年版厚生労働白書』．
大木栄一（1997），「マルチプルジョブホルダーの労働市場」『日本労働研究雑誌』No. 441.
㈶生命保険文化センター（2001），「ワークスタイルの多様化と生活設計に関する調査」．
㈶生命保険文化センター（2001），「平成13年度　生活保障に関する調査」．
日本労働研究機構（1995），「マルチプルジョブホルダーの就業実態と労働法制上の課題」．
日本労働研究機構（1996），「マルチプルジョブホルダーの就業実態と労働法制上の課題Ⅱ」．

「ワークスタイルの多様化と生活設計に関する調査」の概要

1. 調査目的

　急速な情報ネットワーク化，長引く不況に伴うリストラや業務革新，雇用流動化は，生活者のワークスタイルに大きな影響を及ぼしはじめている．

　ワークスタイルの変化は，大学等新卒者の内定状況の悪化から派生しているフリーター，アクティブ・エイジングの増大による高齢者就労，また就労女性・共働き世帯の増加，キャリア形成を志す転職層（キャリア・サーファー）の顕在化など，多様な様相を見せている．

　同時に，ワークスタイルの多様化により，生活者は結婚，出産・育児というライフイベントを必然的なものではなく，個人のライフスタイルの選択の一つとして認識しはじめている．加えて，知識や技術の陳腐化が激しい時代にあって，その変化に適応していくために，学びつつ働き，働きつつ学ぶという複線的なライフスタイルを描く生活者も顕在化してきている．

　このように，ワークスタイルの多様化によって，これまでにないユニークな将来生活設計が求められてきている．

　本調査では，生活者のワークスタイルの実態ならびに意向について定量調査をもとに把握するとともに，同時に生活設計に与える影響について捉えることを目的としている．

2. 調査設計

　(1) 一般就労者
　　①調査地域　　東京 40 km 圏，名古屋 20 km 圏，大阪 20 km 圏
　　②調査対象　　18 歳〜59 歳の就労者男女個人
　　③抽出方法　　エリアサンプリング

> 「平成9年就業構造基本調査」(労働大臣官房政策調査本部)をもとに,各エリアに含まれる市区郡の就業者人口を算出
> ↓
> 人口構成比に応じて調査エリアでの地点数を決定
> ↓
> 調査エリアの市区郡よりランダムに調査地点(○○町,○○町△△丁目等)を決定
> ↓
> 該当エリアの就業者人構成比に応じて性・年代別のサンプル数を割り付ける

④回収サンプル数　1,035サンプル
　　　　　　　　　(東京:46地点／名古屋:8地点／大阪:15地点,各15サンプル)
⑤調査方法　調査員による訪問留め置き調査(ランダムウォーク)
⑥調査機関　2000年9月5日(火)〜9月19日(火)
⑦調査機関　㈱社会調査研究所

(2)特定就労者
①調査対象(抽出条件)
　A:SOHO
　　「過去5年以内に独立開業した事業主(家業継承はのぞく)」「自宅やマンションなどを借りて仕事場にしている」「パソコンやインターネットなどを使って仕事をしている」「企業から専門的な仕事を依頼されて出向く」のいずれかに当てはまる男女個人
　B:フリーター
　　18歳から39歳で未婚の「パート・アルバイト」
　C:派遣
　　現職もしくは過去3年以内経験の男女個人
　D:キャリア・サーファー
　　学歴が大卒以上で転職経験1回以上の男女個人
　　※ただし,報告書内では転職経験2回以上(いずれも自発退職)の者のみ分析

②抽出方法
　㈱社会調査研究所「アドホックモニター」を対象としたスクリーニング調査を実施し，上記条件適合サンプルから無作為抽出
③サンプル数と回収数
　A：SOHO
　　　抽出サンプル数：352サンプル　回収数：254サンプル
　B：フリーター
　　　抽出サンプル数：380サンプル　回収数：270サンプル
　C：派遣
　　　抽出サンプル数：375サンプル　回収数：262サンプル
　　　（うち，現在登録型派遣社員として働いているいる者は87サンプル）
　D：キャリア・サーファー
　　　抽出サンプル数：352サンプル　回収数：262サンプル
　　　（うち，転職経験2回以上の者は134サンプル）
④調査方法　　郵送調査（郵送配布～郵送回収）
⑤調査機関　　2000年9月14日（木）～9月25日（月）
⑥調査機関　　㈱社会調査研究所

3. 報告書
　「ワークスタイルの多様化と生活設計に関する調査」財団法人生命保険文化センター，2001年4月．

索　　引

ア 行
新しい自営業　53
アナログ系タレント　47
安定志向　66
インディペンデント・コントラクター　42
イントラネット　41
ウィークタイズ　80
M字型就労　87
エンプロイアビリティ　50, 135
小川明　76
OJT　133
オープン・カラー・ワーカー　39
オープン・ネットワーク　54
オールド・ボーイズ・ネットワーク　83

カ 行
会社中心志向　5
家庭志向　66
苅谷剛彦　82
企業規模　59
帰属（組織志向）から遂行（職務志向）へ　50
期待　84
基盤技術　46
希望する働き方　6
希望の雇用形態　31
キャリア意識　50
キャリアビジョン　137
共同体の再発見　54
教育訓練給付制度　136, 174
業務委託労働　52
グラノヴェター　80
契約社員　18
健康保険　29
健康保険と厚生年金保険の加入　29

現在志向　6
厚生年金　29
公務員　31
個業　53
国民健康保険　29
国民年金　29
個人主義　36
個人主義と集合主義の併立　54
孤独　78
コネクション社会　80
雇用の安定性　60
雇用のモビリティ　149
雇用保険　29

サ 行
在宅勤務　154
在宅ワーカー（ワーク）　37, 159
裁量労働（制）　153, 159
サバティカル休暇制度　153
産業コミュニティ　54
自営業　31
自営業再評価　53
資格取得　142
自己啓発　61, 133
仕事志向　67
仕事手段志向　5
仕事中心志向　5
仕事に対する満足度　25
仕事や勤務先に関して満足している点や不満　11
自身の労働　53
七・五・三現象　57
社会（関係）資本　83
社会人大学院　137
社会保険の加入率　29

索　引

社会保険労務士　142, 175
自由業　31
就業規則　160
就業形態を希望する理由　8
就業形態を選択せざるをえない制約条件　10
終身雇用　134
出向社員　18
情報　76
情報の非対称性　84
常用型派遣　4, 6, 30
職場以外の友人・知人　70
職務と能力　49
ジョブ・ベース　43
ジョブローテーション　136, 139
人的ネットワーク　79
成果主義　112, 135
セカンドキャリア・プログラム　154
専門職型人材派遣　42
専門追求志向　49
早期退職優遇制度　154
総合的な満足度　13
属人的資源　52
組織と忠誠　49
SOHO　3, 35
　　狭義の――事業者　37
　　在宅・NPO系――　38

タ　行

退職金制度　113
第4の労働勢力　39
達成志向　4
知識資源　52
仲介業者（業務請負会社）　43
中小企業診断士　142, 175
調査設計　179
調査目的　179
デジタル系スキル　46
デジタル産業革命　41
テレワーカー　37
典型的な働き方　i
電子コテージ（SOHO）　51
電脳職人　48

登録型派遣　4, 6, 30
独立志向　74

ナ　行

ナレッジ（知識）ワーカー　51
ニッチ市場　52
日本商工会議所　39
日本的雇用慣行　111
年功序列　134
年齢面での制約　24
能力至上志向　49
能力主義　112

ハ　行

配偶者控除内で収入を抑えること　24, 25
派遣から正規への道　30
派遣社員　18
派遣元会社　29
派遣労働　17
働き方の多様化　3
バーチャル大学　146
パートタイマー　18
パートタイム学生　146
非課税額限度内への収入調整　24
非自発的　22
非正規就業　22
非典型労働　i
副業　153, 159
副業禁止規定　160
福利厚生施設　112
フリーランス　42
フレックスタイム　153, 159
プロビット分析　163
プロビットモデル　68
平均貯蓄性向　65
報告書　181
ボランタリー・コラボレーション　54

マ　行

マイクロビジネス　38
みなし労働時間制　165
モバイルオフィス　51

ヤ 行

有期の雇用契約　18
弱い紐帯　80

ラ 行

ライフイベント　62
リスク志向　67
臨時的社員　18

ロール・モデル　78

ワ 行

ワーキング・フロム・ホーム　39
ワークシェアリング　41, 165
ワークスタイル革命　52
渡辺深　81

執筆者紹介 （執筆順，＊編著者）

佐藤　博樹（さとう　ひろき）＊
1953 年東京都に生まれる．
一橋大学大学院社会学研究科博士課程単位取得退学．法政大学経営学部教授，東京大学社会科学研究所教授を経て，現在，中央大学大学院戦略経営研究科教授．
主著，『人材活用進化論』（日本経済新聞出版社，2012 年），『成長と人材』（共編，勁草書房，2003 年），『人事管理入門〈第 2 版〉』（共著，日本経済新聞社，2009 年），『ダイバーシティ経営と人材活用－多様な働き方を支援する企業の取り組み』（編著，東京大学出版会，2017）．

大沢　真知子（おおさわ　まちこ）
1952 年東京都に生まれる．
南イリノイ大学経済学研究所博士課程修了，ミシガン大学ディアボーン校助教授，亜細亜大学助教授を経て，現在，日本女子大学人間社会学部教授．
主著，『コミュニティービジネスの時代』（共著，岩波書店，2003 年），『働き方の未来－非典型労働の日米欧比較』（編著，監訳，日本労働研究機構，2003 年），『新しい家族のための経済学』（中央公論，1998 年）．

鎌田　彰仁（かまた　あきひと）
1947 年東京都に生まれる．
法政大学大学院社会科学研究科博士課程中退．現在，茨城大学人文学部名誉教授．
主著，『店長の仕事』（共編著，中央経済社，2000 年），『講座社会学 5 産業』（共著，東京大学出版会，1999 年），『中小企業の競争力基盤と人的資源』（共著，文眞堂，1999 年）．

玄田　有史（げんだ　ゆうじ）
1964 年島根県に生まれる．
東京大学大学院経済学研究科第Ⅱ種博士課程単位取得退学．学習院大学経済学部教授，ハーバード大学，オックスフォード大学等での客員研究員を経て，現在，東京大学社会科学研究所教授．
主著，『成長と人材』（共編，勁草書房，2003 年），『仕事のなかの曖昧な不安』（中央公論新社，2001 年），『リストラと転職のメカニズム』（編著，東洋経済新報社，2002 年）．

藤田　由紀子（ふじた　ゆきこ）
1962年神奈川県に生まれる．
奈良女子大学大学院家政学研究科生活経営学修了．元（財）生命保険文化センター生活研究部副主任研究員．
主著，「30代男女が考える『出産・育児』のリスク」（橘木俊詔編『ライフサイクルとリスク』東洋経済新報社，2001年），「公的年金制度の保険料上昇と給付制度が家計に与える影響」（武川正吾・佐藤博樹編『企業保障と社会保障』東京大学出版会，2000年），「リスクと生活設計」（御船美智子・上村協子編『現代社会の生活経営』光生館，2001年）．

西久保　浩二（にしくぼ　こうじ）
1958年大阪府に生まれる．
筑波大学大学院経営・政策科学研究科博士課程修了．（財）生命保険文化センター生活研究部主席研究員を経て，現在，山梨大学教育人間科学部教授．
主著，「変容する退職給付制度と新たなリスク」（橘木俊詔編『ライフサイクルとリスク』東洋経済新報社，2001年），「法定福利費負担と企業行動」（武川正吾・佐藤博樹編『企業保障と社会保障』東京大学出版会，2000年），『日本型福利厚生の再構築』（社会経済生産性本部，2001年）．

長井　毅（ながい　たけし）
1960年和歌山県に生まれる．
筑波大学大学院経営・政策科学研究科修士課程修了．現在，（財）生命保険文化センター生活研究部主任研究員．
主著，「死亡リスク，疾病リスク，老齢リスクへの対応行動」（橘木俊詔編『ライフサイクルとリスク』東洋経済新報社，2001年），「日本の法定福利費の将来設計」（武川正吾・佐藤博樹編『企業保障と社会保障』東京大学出版会，2000年），「社会保険料率の上昇が金融資産形成に与える対応行動」（同上）．

髙石　洋（たかいし　ひろし）
1969年香川県に生まれる．
香川大学経済学部経営学科卒業．（財）生命保険文化センター生活研究部を経て，現在，明治安田生命保険相互会社総合法人第五部．
主著，「個人型確定拠出年金の評価と可能性」（『JILI FORUM』No. 11，共著，（財）生命保険文化センター，2002年）．

変わる働き方とキャリア・デザイン

2004年2月10日　第1版第1刷発行
2018年4月10日　第1版第6刷発行

編著者　佐　藤　博　樹

発行者　井　村　寿　人

発行所　株式会社　勁　草　書　房
112-0005 東京都文京区水道2-1-1　振替 00150-2-175253
電話（編集）03-3815-5277／FAX 03-3814-6968
電話（営業）03-3814-6861／FAX 03-3814-6854
大日本法令印刷・松岳社

Ⓒ SATÔ Hiroki　2004

ISBN978-4-326-50248-6　Printed in Japan

JCOPY ＜(社)出版者著作権管理機構　委託出版物＞
本書の無断複写は著作権法上での例外を除き禁じられています。
複写される場合は、そのつど事前に、(社)出版者著作権管理機構
（電話 03-3513-6969, FAX 03-3513-6979, e-mail: info@jcopy.or.jp）
の許諾を得てください。

＊落丁本・乱丁本はお取替いたします。

http://www.keisoshobo.co.jp

佐藤博樹 永井暁子 編著 三輪哲	結婚の壁 非婚・晩婚の構造	2400円
佐藤博樹 武石恵美子 編	人を活かす企業が伸びる 人事戦略としてのワーク・ライフ・バランス	2800円
佐藤博樹 小泉静子	不安定雇用という虚像 パート・フリーター・派遣の実像	2000円
佐藤博樹 玄田有史 編	成長と人材 伸びる企業の人材戦略	2800円
武石恵美子	雇用システムと女性のキャリア	3200円
永井暁子 松田茂樹 編	対等な夫婦は幸せか	†2800円
松田茂樹	何が育児を支えるのか	2800円
松田茂樹他	揺らぐ子育て基盤 少子化社会の現状と困難	2700円
池本美香	失われる子育ての時間	2200円
矢澤澄子他	都市環境と子育て	2800円
目黒依子他編	少子化のジェンダー分析	3500円
本田由紀編	女性の就業と親子関係	3100円

＊表示価格は2018年4月現在。消費税が含まれておりません。
†はオンデマンド版です。